Uwe Rechberger

Willkommen im Himmel

Was kommt nach dem Tod?

SCM Hänssler

SCM

Stiftung Christliche Medien

2. Auflage 2010
Bestell-Nr. 395.193
ISBN 978-3-7751-5193-1

Internet: www.scm-haenssler.de
E-Mail: info@scm-haenssler.de
Umschlaggestaltung: krausswerbeagentur.de, Herrenberg
Titelbild: istockphoto.com
Bild auf Seite 21:
Rembrandt, Harmensz van Rijn; 1606–1669
»Die Heimkehr des verlorenen Sohnes«, 1668/69
Öl auf Leinwand, 262 x 206 cm
St. Petersburg, Staatliche Ermitage
Foto: akg-images/Andre Held
Bild auf Seite 40:
© Vandenhoeck & Ruprecht GmbH & Co. KG, Othmar Keel, Die Welt der altorientalischen Bildsymbolik und das Alte Testament. Am Beispiel der Psalmen, Göttingen 1996, S. 61 Abb. 78.
Satz: typoscript GmbH, Walddorfhäslach
Druck und Bindung: CPI – Ebner & Spiegel, Ulm
Printed in Germany

Die Bibelverse sind folgender Ausgabe entnommen:
Lutherbibel, revidierter Text 1984, durchgesehene Ausgabe in neuer Rechtschreibung, © 1999 Deutsche Bibelgesellschaft, Stuttgart.

Jüdische Schriften aus hellenistisch-römischer Zeit, Bd. 5: Apokalypsen, H. Lichtenberger (Hg.), Gütersloh: Gütersloher Verlagshaus 1974/1976/1980/1981/1982/1984/1995/1998/2003.

Inhalt

Meinen Eltern
Horst und Renate Rechberger

Anstelle eines Vorworts …

Liebe Leserin, lieber Leser,

weshalb dieses Buch?

Zunächst gaben zwei äußerliche Anlässe den Anstoß dazu: vor allem der theologische Turm-Treff des Albrecht-Bengel-Hauses am 23. Januar 2010 zu eben diesem Thema, daneben aber auch eine Reihe von Anfragen im Lauf der vergangenen Jahre. Diese beiden äußerlichen Gründe für das vorliegende Buch sind natürlich inhaltlich motiviert und damit auch dieses Buch selbst: Das Thema ist dran und es bleibt bis zur Wiederkunft unseres Herrn dran.

Die Heimkehr des Menschen in Gottes Ewigkeit ist nicht nur ein frommer Wunsch, sondern die Mitte unseres christlichen Glaubens, das Zentrum der biblischen Botschaft und das Ziel der Heilsgeschichte Gottes mit uns Menschen.

Doch, wenn alles nur so einfach wäre. Wie kommt man in den Himmel? Warum müssen wir überhaupt sterben? Wie ist das mit dem »Jüngsten Gericht«? Gibt es einen »doppelten Ausgang« dieses Gerichts, also neben dem Himmel auch die Hölle? Oder schenkt Gott einmal eine »Allversöhnung«? Was dürfen wir von der himmlischen Ewigkeit erwarten, außer dass sie zeitlos sein wird? Sehen wir in der Ewigkeit unsere Lieben wieder? Und wo sind unsere Toten jetzt?

Fragen über Fragen, die mit diesem Thema einhergehen und die nach Antworten verlangen. Jeder Mensch, unabhängig von seiner Religionszugehörigkeit, würde gerne durch das Nadelöhr des Todes blicken, um wenigstens etwas von dem zu erspähen, was uns jenseits des Todes erwartet.

Der Blick durch das Nadelöhr des Todes ist uns nicht vergönnt, auch nicht als Christen. Ob er tatsächlich Konsequenzen für unser Leben hätte, sei dahingestellt, nachdem

Jesus in seinem Gleichnis vom reichen Mann und armen Lazarus (Lukas 16,19-31) sogar der Meinung ist, dass wir uns nicht einmal belehren ließen, wenn jemand von den Toten auferstünde:

> »Hören sie Mose und die Propheten nicht, so werden sie sich auch nicht überzeugen lassen, wenn jemand von den Toten auferstünde.«
>
> Lukas 16,31

Heute haben wir nicht nur Mose und die Propheten, sondern die ganze Heilige Schrift. Sie sollen wir hören. Sie ist es, mit der Gott uns einlädt. Und sie ist es, die Licht ins Dunkel der Welt- und Philosophiegeschichte bringt, und uns in Gottes Heilsgeschichte hineinnimmt.

Bevor mit der Wiederkunft von Jesus einmal für alle offensichtlich die platonischen Philosophien einer Seelenerlösung zerbrechen, die unterschiedlichsten Reinkarnations- und Seelenwanderungshypothesen an ihr Ende kommen und atheistische Jenseitsverleugnungen mitsamt einer augenscheinlich christlichen Allerlösungsphilosophie eines Besseren belehrt werden, ermutigt uns Gottes Wort zum Glauben an ihn, der allein der Ew'ge heißt, und zum Vertrauen auf seine biblische Offenbarung.

Gottes Wort ruft uns zum Glauben und in die Nachfolge. Wer Gottes Wort dieses Vertrauen entgegenbringt, den hält und trägt es, auch wenn einmal nichts mehr hält und trägt.

> Jesus Christus spricht: »Himmel und Erde werden vergehen; aber meine Worte werden nicht vergehen.«
>
> Matthäus 24,35; Markus 13,31; Lukas 21,33

Gottes Wort hat Bestand und wer sich an dieses Wort hält, wird von ihm im Leben und im Sterben gehalten.

Deshalb ringt dieses Buch auch um die Bibel.

Spekulationen sollen außen vor bleiben: sowohl theologischer Natur wie auch im Versuch, biblische Endzeitaussagen durch aktuelle weltgeschichtliche Ereignisse zu deuten und damit gar nicht selten auch zu missdeuten. Vielleicht fällt mein Buch deshalb etwas knapper aus als andere Bücher zum selben Thema.

Doch gerade das scheint mir für jede Beschäftigung mit Endzeitfragen wichtig zu sein: dass wir nicht mehr und nichts anderes in die biblischen Texte hineinlesen, als sie aussagen wollen. Auch wenn es generell keine »falschen Fragen« gibt, bleibt es gerade bei diesem heißen Eisen der Endzeit eine entscheidende Herausforderung, die richtigen Fragen zu stellen, angesichts dessen, was uns die Bibel erzählen will und was sie uns auch nicht mitteilt, auch wenn wir meinen, dass sie dies doch müsste. Eines der häufigsten Beispiele ist sicher die Frage nach dem Datum der Wiederkunft von Jesus. Diese Frage weiter zu verfolgen, ist uns ganz ausdrücklich untersagt (Apostelgeschichte 1,7). Andere Fragen sind uns nicht ausdrücklich verboten, sollen uns aber nicht beschäftigen, weil wir sie nur mit unserer irdischen Sicht der Dinge stellen können, um jedoch ihre Antwort zu verstehen schon eine jenseitige Einsicht bräuchten. Ein Beispiel neben vielen anderen ist der ganze Themenkomplex des »Tagesablaufs« in Gottes Ewigkeit. Was tun wir dort rund um die Uhr? Schon die zeitliche Kategorie der beiden Leitworte »Tag« und »Uhr« offenbart die Problematik.

Zum bewussten Verzicht auf Spekulationen jedweder Art, war für mich auch der Gedanke leitend, Sie nicht mit zu vielen Detailfragen überzustrapazieren.

Mein Anliegen ist kein detaillierter Endzeitfahrplan, sondern die große heilsgeschichtliche Linie, die Gott durch unsere Menschheitsgeschichte zieht. Damit verbinde ich den Wunsch, Hoffnung und Vorfreude auf das zu wecken, was Gott jenseits des Todes für uns bereithält.

Mit Recht werden Sie also genügend Dinge finden, die an dieser Stelle hätten diskutiert oder zumindest erwähnt werden können. Vielleicht würde mancher von Ihnen auch noch zurückhaltender sein. So will ich es nicht ausschließen, dass mir an der einen oder anderen Stelle die Feder immer noch zu leicht von der Hand gegangen ist. Wie dem auch sei: In jedem Fall werden Fragen bleiben. Daran erinnert uns schon der Apostel Paulus:

> »Unser Wissen ist Stückwerk und unser prophetisches Reden ist Stückwerk. Wenn aber kommen wird das Vollkommene, so wird das Stückwerk aufhören.«
>
> 1. Korinther 13,9f

Danke, wenn Sie mir beides nachsehen: wenn ich Ihnen zu weit gegangen bin oder Sie mit biblischem Recht etwas vermissen. Vielleicht findet manches Ungesagte seinen Weg in eine Neuauflage, wenn ich einmal an Alter und Weisheit zugenommen habe.

> »Als ich ein Kind war, da redete ich wie ein Kind und dachte wie ein Kind und war klug wie ein Kind; als ich aber ein Mann wurde, tat ich ab, was kindlich war. Wir sehen jetzt durch einen Spiegel ein dunkles Bild; dann aber von Angesicht zu Angesicht. Jetzt erkenne ich stückweise; dann aber werde ich erkennen, wie ich erkannt bin.«
>
> 1. Korinther 13,11f

Wenn es einmal so weit ist, braucht es auch keine Neuauflage mehr, weil unser Heiland Jesus Christus wiedergekommen ist und sein Heilswerk vollendet hat: *Willkommen im Himmel.*

… ein herzliches Dankeschön

Ein herzliches Dankeschön für vielfältige Unterstützung schulde ich meinen *Kollegen* und dem ganzen *Mitarbeiterteam im Albrecht-Bengel-Haus* unter unserem *bisherigen Rektor Dr. Rolf Hille* und unserem *neuen Rektor Dr. Rolf Sons* sowie unserem Vorsitzenden *Dekan Rainer Kiess*. Ein besonderer Dank gilt dabei *Damaris Vetter*. Schon seit vielen Jahren ist sie für mich nicht nur eine hervorragende und wertvolle Korrekturleserin, sondern zuallererst überhaupt eine Leserin. Wer weiß, manche meiner Seminararbeiten im Studium hat sie vielleicht gründlicher zur Kenntnis genommen als der Seminarleiter selbst.

Dank schulde ich dem *Verlag SCM Hänssler*, allen voran dessen *Lektorin Uta Müller*, die bis zum Schluss zuversichtlich war, dass es mit diesem Buch noch etwas wird.

Danken möchte ich *Dr. h. c. Siegfried Kettling*. Sein fundiertes und zugleich zutiefst durchlittenes Buch »Du gibst mich nicht dem Tode preis«[1] wurde schon vor Jahren für mich zum Anstoß, mich intensiver mit dem Thema zu beschäftigen. Sein Buch hat auch dieses Buch geprägt.

Danke an das *Referententeam des CVJM-Landesverbandes*, deren Anfrage für ein Seminar zum Thema den Stein einst ins Rollen gebracht hat.

Danke an den früheren Sielminger Kollegen *Tobias Leiser* für seinen Hinweis auf die Annonce des Bestattungsinstitutes im 1. Kapitel.

Danke an *Oberkirchenrat Werner Baur* und *Seminardirektor Dr. Volker Gäckle* für ihre freundlichen Worte auf der Buchrückseite.

Schließlich möchte ich *meiner Frau Ulrike* danken – für ihre Ermutigung zu diesem Buch und vor allem für ihre Liebe, mit der sie Gottes Ewigkeit in das Herz unserer Kinder hineinmalt.

Der abschließende Dank gilt *meinen Eltern, Horst und Renate Rechberger,* die uns von Kindesbeinen an Gott lieb gemacht haben. Zum Dank für die von ihnen mitbekommene geistliche Prägung sei ihnen dieses Buch gewidmet.

Mit herzlichen Grüßen,
Ihr

1. Wohin geht die Reise?

König Heinrich VIII. von England liegt im Sterben. Als ihm klar geworden ist, was geschieht, lässt er seinen Hofnarren zu sich rufen und erklärt ihm: »Du, wir müssen Abschied nehmen.« Der Hofnarr fragt unter seiner Narrenkappe zurück: »Ja, wohin geht denn die Reise, Herr?« – »Das weiß ich gar nicht so genau«, antwortet der König. – »Aber du hast einen Führer dabei?«, erkundigt sich der Gerufene. Da seufzt der König und erwidert traurig: »Ich kenne keinen.« »Mh, na ja, dann wenigstens Reiseproviant und Geld?« – »Nein, das habe ich auch nicht«, bekennt der Befragte. Der Hofnarr versteht die Welt nicht mehr. Ungläubig kann er nur seine Narrenkappe abnehmen und staunend ausrufen: »Oh, König, mein ganzes Leben habe ich mir gewünscht, einen größeren Narren als mich kennenzulernen. Heute ist er mir begegnet: Du unternimmst eine Reise und kennst den Weg nicht. Das Einzige, was du weißt, ist, dass du nicht mehr zurückkommst, und trotzdem nimmst du weder etwas zu essen noch deinen Geldbeutel mit. Du weißt nicht, wo du bleibst, und einen Führer, der dich sicher ans Ziel bringt, hast du auch nicht. Hier, nimm die Narrenkappe, du bist der Größere von uns beiden.«

Was den Hofnarr so irritiert, weil er es für selbstverständlich gehalten hätte, bringt die Annonce eines Bestattungsinstitutes auf den Punkt:

»Wenn Sie nicht für ihre Bestattung Vorsorge treffen…, wer dann?«

»Wenn Sie nicht für Ihre Bestattung Vorsorge treffen…, wer dann?«

Keine Sorge, Bestattungsvorsorge im ganz wörtlichen Sinn ist nicht unser Thema. Für unsere Bestattung ist gesorgt, ob wir wollen oder nicht. Kein Weg führt an der Grube vorbei.

Spannend wird es, sollte die Reise weitergehen. Als Christen glauben wir an einen Gott, der sich nichts sehnlicher wünscht, als uns einmal zu begrüßen: »Willkommen im Himmel!« Diesen Gott malt uns Jesus in seinem berühmten Gleichnis vom barmherzigen Vater und seinen beiden Söhnen vor Augen. Ihm gehört deshalb das erste Kapitel. Dann aber brennen viele Detailfragen: Warum müssen wir Menschen überhaupt sterben? Wie kommt man in den Himmel? Kennen wir den Weg dorthin? Haben wir den nötigen Proviant dabei? Wissen wir, was unterwegs auf uns zukommt? Wie ist das mit dem Tod und mit dem »Jüngsten Gericht«? Gibt es einen »doppelten Ausgang« dieses Gerichtes, also neben dem Himmel auch die Hölle? Oder schenkt Gott einmal eine »Allversöhnung«? Was dürfen wir von der himmlischen Ewigkeit erwarten, außer dass sie zeitlos sein wird? Sehen wir in der Ewigkeit unsere Lieben wieder? Und wo sind unsere Toten jetzt?

Vorsorge tut not.

Fragen über Fragen. Vorsorge tut not. Eine Vorsorge, die sich informiert und eine Vorsorge, die Entscheidungen trifft, solange Zeit dazu ist.

»Willkommen im Himmel« – machen wir uns auf den Weg.

Das Gleichnis vom barmherzigen Vater und seinen beiden Söhnen

> »Und Jesus sprach: Ein Mensch hatte zwei Söhne. Und der jüngere von ihnen sprach zu dem Vater: Gib mir, Vater, das Erbteil, das mir zusteht. Und er teilte Hab und Gut unter sie. Und nicht lange danach sammelte der jüngere Sohn alles zusammen und zog in ein fer-

nes Land; und dort brachte er sein Erbteil durch mit Prassen. Als er nun all das Seine verbraucht hatte, kam eine große Hungersnot über jenes Land, und er fing an zu darben und ging hin und hängte sich an einen Bürger jenes Landes; der schickte ihn auf seinen Acker, die Säue zu hüten. Und er begehrte, seinen Bauch zu füllen mit den Schoten, die die Säue fraßen; und niemand gab sie ihm. Da ging er in sich und sprach: Wie viele Tagelöhner hat mein Vater, die Brot in Fülle haben, und ich verderbe hier im Hunger! Ich will mich aufmachen und zu meinem Vater gehen und zu ihm sagen: Vater, ich habe gesündigt gegen den Himmel und vor dir. Ich bin hinfort nicht mehr wert, dass ich dein Sohn heiße; mache mich zu einem deiner Tagelöhner! Und er machte sich auf und kam zu seinem Vater. Als er aber noch weit entfernt war, sah ihn sein Vater, und es jammerte ihn; er lief und fiel ihm um den Hals und küsste ihn. Der Sohn aber sprach zu ihm: Vater, ich habe gesündigt gegen den Himmel und vor dir; ich bin hinfort nicht mehr wert, dass ich dein Sohn heiße. Aber der Vater sprach zu seinen Knechten: Bringt schnell das beste Gewand her und zieht es ihm an und gebt ihm einen Ring an seine Hand und Schuhe an seine Füße und bringt das gemästete Kalb und schlachtet's; lasst uns essen und fröhlich sein! Denn dieser mein Sohn war tot und ist wieder lebendig geworden; er war verloren und ist gefunden worden. Und sie fingen an, fröhlich zu sein. Aber der ältere Sohn war auf dem Feld. Und als er nahe zum Hause kam, hörte er Singen und Tanzen und rief zu sich einen der Knechte und fragte, was das wäre. Der aber sagte ihm: Dein Bruder ist gekommen, und dein Vater hat das gemästete Kalb geschlachtet, weil er ihn gesund wiederhat. Da wurde er zornig und wollte nicht hineingehen. Da ging sein Vater heraus und bat ihn. Er antwortete aber und sprach zu seinem Vater: Siehe, so viele Jahre diene ich dir und habe dein Gebot noch nie übertreten, und du hast mir nie einen Bock gegeben, dass ich mit meinen Freunden fröhlich gewesen wäre. Nun aber, da dieser dein Sohn gekommen ist, der dein Hab und Gut mit Huren verprasst hat, hast du ihm das gemästete Kalb geschlachtet. Er aber sprach zu ihm: Mein Sohn, du bist allezeit bei mir, und alles, was mein ist, das ist dein. Du solltest aber fröhlich und guten Mutes sein; denn dieser dein Bruder war tot und ist wieder lebendig geworden, er war verloren und ist wiedergefunden.«

Lukas 15,11-32

Rembrandt, Harmensz van Rijn;
»Die Heimkehr des verlorenen Sohnes«, 1668/69.

2. Willkommen daheim

Sie fahren mit dem Auto. Geschwindigkeit konstant. Rechts von Ihnen geht es fast senkrecht den Abhang hinunter. Links von Ihnen bemerken Sie plötzlich ein riesiges Feuerwehrauto. Obwohl Sie aufs Gaspedal treten, hält es locker mit Ihnen mit. Doch beim Blick nach vorne wird es Ihnen erst so richtig angst und bange: Ein Schwein, das eindeutig größer ist als Ihr Auto, galoppiert vor Ihrer Motorhaube und Sie haben keine Chance vorbeizukommen. Als Sie in den Rückspiegel schielen, zucken Sie zusammen: Dröhnend verfolgt Sie auf Bodenhöhe ein Polizeihubschrauber. Alle drei, das Schwein, das Feuerwehrauto und der Hubschrauber haben Sie in die Zange genommen.

Was unternehmen Sie, um dieser Situation noch einmal zu entkommen und Ihr Leben zu retten?

Die einzige Chance: Runter vom Kinderkarussell und nie wieder irgendwohin, wo Sie nicht hingehören.

Eindeutig gehörte er dort nicht hin. Trotzdem meinte er, dabei sein zu müssen – der »verlorene Sohn«, von dem uns Jesus erzählt. Zuerst hat er das bunte Treiben ja auch genossen, den Jahrmarkt dieser Welt. Endlich frei. Ausleben, wonach er sich immer schon gesehnt hat. Tatsächlich ging es bei ihm auch rund, vermutlich nicht so unschuldig wie auf einem Kinderkarussell. Bis zu jenem Tag, an dem er nicht mehr mithalten konnte. Ob der Polizeihubschrauber ihn verfolgt hat, vielleicht weil er seine Rechnungen nicht mehr zu bezahlen vermochte? Wir wissen es nicht. Was wir wissen ist, dass ihm als einzige Perspektive nach vorne nur die Schweine geblieben sind. Ein Kreislauf, aus dem es kein Entrinnen zu geben schien. Ein Kreislauf, bei dem es einem nicht nur peinlich, sondern wirklich schlecht werden musste.

Sein Vater hatte es kommen sehen und ihn trotzdem ziehen lassen. Aber nicht nur das: Er hat ihm diese Fahrt und den ganzen Trubel auch noch bezahlt. Das beherrschen Kinder: so lange zu betteln, bis sie ihren Willen haben. Schließlich gibt der Vater seinem Drängen nach und lässt ihm wider besseres Wissen seinen Willen. Doch was gäbe der Sohn jetzt darum, auf den Vater gehört zu haben! Was gäbe er darum, wenn er rückgängig machen könnte, was er in seinem Egoismus durchgezogen hat. Könnte er doch nur einfach absteigen und in die Arme des Vaters springen. Was hätte er nicht alles dafür in Kauf genommen, um von dem Ort, an den er nicht hingehörte, wegzukommen und zu seinem Vater und zu seiner Familie heimkehren zu dürfen.

Und dann steigt er aus. Aus dem fahrenden Karussell. Mut hat es ihn gekostet, Energie für den ersten und entscheidenden Schritt und manche Wunden wohl auch. Auf dem Heimweg legt er sich die Worte zurecht, mit denen er seinem Vater unter die Augen treten will. Offen will er bekennen, dass er sich selbst am wichtigsten war. Ehrlich will er seinem Vater eingestehen, sich versündigt zu haben. Dann geschieht das Unglaubliche.

> »Als er aber noch weit entfernt war, sah ihn sein Vater, und es jammerte ihn; er lief und fiel ihm um den Hals und küsste ihn.«
>
> Lukas 15,20

Noch ehe der Sohn auch nur ein Wort über die Lippen bringen kann, bricht aus seinem Vater jene über eine so lange Zeit angestaute Sehnsucht nach seinem geliebten Sohn heraus. Mit unendlicher Liebe überschüttet der Vater sein Kind, in einem Augenblick für eine Ewigkeit. In den Armen des Vaters öffnet sich für den Heimkehrer der Himmel.

Was für eine Würde, die uns Jesus im »Gleichnis vom

verlorenen Sohn«, oder vielleicht besser im »Gleichnis vom barmherzigen Vater«, zuspricht: Sie dürfen heimkehren. Sie sind willkommen. Willkommen im Himmel. Willkommen im Vaterhaus Gottes.

»Liebe, weil« oder »Liebe, obwohl«

Egal, welche Ereignisse ich gerne ungeschehen machen würde; zweitrangig, für welche Peinlichkeiten ich in Grund und Boden versinken könnte, und unabhängig davon, wie groß meine Schuld vor Gott ist: Ich darf in die offenen Arme Gottes heimkehren. Hier öffnet sich der Himmel. Hier ist Vergebung. Hier ist Gnade und hier ist Liebe; nicht nur eine Liebe »weil«, sondern eine Liebe »obwohl«: Obwohl der Sohn sein Erbe lange vor dem Tod des Vaters eingefordert hat und dieser damit für ihn gestorben war. Obwohl er fern vom Vater sich selbst der Nächste war. Obwohl er alles, was ihm der Vater mitgegeben hat, verprasste.

> In den Armen des Vaters öffnet sich für den Heimkehrer der Himmel.

Solch eine »Liebe, obwohl« widerstrebt dem Wesen dieser Welt. Die Einladung zu den Schweinen ist das Höchste der Gefühle. Zu mehr »Liebe, obwohl« der verlorene Sohn nichts mehr zu bieten hatte, waren die »Bürger jenes Landes« nicht in der Lage. Rasch war ihre »Liebe, weil« abgekühlt, nachdem es kein »weil« mehr gab, kein »weil du so viel Geld hast«, kein »weil du so schön bist«, kein »weil man es mit dir zu etwas bringt«, kein »weil ...«.

> Diese »Liebe, obwohl« ist der Schlüssel zum Himmel.

Wir Menschen »lieben, weil«. Gott dagegen »liebt uns auch, obwohl«. Obwohl wir seine Liebe ignoriert und ausgeschlagen haben. Obwohl wir seine guten Gaben, die er in uns hineingelegt hat, alle mitgenommen haben und ihn für tot erklärten.

Obwohl wir von ihm weggelaufen sind und obwohl wir so viel Schmutz und Unreinheit auf uns geladen haben. Obwohl ...

Der himmlische Vater läuft uns mit seinen offenen Armen einer »Liebe, obwohl« entgegen. Diese »Liebe, obwohl« ist der Schlüssel zum Himmel.

Über Bitten und Verstehen

Dann stammelt der Sohn, was er sich auf dem Weg zurechtgelegt hat:

> »Vater, ich habe gesündigt gegen den Himmel und vor dir. Ich bin hinfort nicht mehr wert, dass ich dein Sohn heiße; mache mich zu einem deiner Tagelöhner.«
>
> Lukas 15,18f

Er redet nicht um den heißen Brei herum. Nichts wird beschönigt. Ja, ich habe gesündigt. Ich bin es nicht mehr wert, dein Sohn genannt zu werden.

Während jener noch zerknirscht sein Bekenntnis stammelt, gibt es vom Vater einen Kurs in Sachen Gebetserhörung: Jeder Mensch wünscht sich ja, dass Gott seine Gebete wörtlich erhört. Wenn wir beten, dann natürlich verbunden mit der Hoffnung, dass Gott unser Gebet auch wahr macht. Gott soll uns beim Wort nehmen und uns geben, was wir von ihm erbitten. Im Falle unseres Kandidaten hieße das: »Stimmt, du hast gesündigt. Stimmt, du bist es nicht mehr wert, mein Sohn zu heißen. Aber ich erhöre dich trotzdem: Du darfst Tagelöhner sein.« Das wäre solch eine wörtliche Gebetserhörung gewesen, wie wir sie immer erwarten.

> »Aber der Vater sprach zu seinen Knechten: Bringt schnell das beste Gewand her und zieht es ihm an

und gebt ihm einen Ring an seine Hand und Schuhe an seine Füße und bringt das gemästete Kalb und schlachtet's; lasst uns essen und fröhlich sein! Denn dieser mein Sohn war tot und ist wieder lebendig geworden; er war verloren und ist gefunden worden. Und sie fingen an, fröhlich zu sein.«

Lukas 15,22-24

So erhört unser himmlischer Vater Gebet. Gottes Liebe ist größer als meine Worte und gnädiger, als ich es jemals erwarten könnte.

Ein Vater, der gemästete Kälber schlachtet

Während die große Familie im Vaterhaus Gottes den Heimkehrer festlich willkommen heißt, führt uns Jesus nach draußen, vor die Tür des Hauses. Gerade vom Feld zurückgekehrt, wundert sich dort der ältere Sohn über den unerwarteten Trubel. Rasch verwandelt sich seine Verwunderung in Zorn, als er hört, was den Vater und die anderen Familienmitglieder feiern lässt:

Gottes Liebe ist größer als meine Worte und gnädiger, als ich es jemals erwarten könnte.

»Siehe, so viele Jahre diene ich dir und habe dein Gebot noch nie übertreten, und du hast mir nie einen Bock gegeben, dass ich mit meinen Freunden fröhlich gewesen wäre. Nun aber, da dieser dein Sohn gekommen ist, der dein Hab und Gut mit Huren verprasst hat, hast du ihm das gemästete Kalb geschlachtet.«

Lukas 15,29f

Kennen Sie dieses Gefühl, am liebsten alles stehen und liegen lassen zu wollen, auszubrechen aus dem engen Korsett des Alltags und das Weite zu suchen? Klammheimlich, ohne dass es jemand mitbekommt, leicht verschämt und doch nicht zu überhören, keimt die Sehnsucht immer wieder auf: endlich Anerkennung bekommen, Wertschätzung finden, Geborgenheit spüren, selbst entscheiden können, anstatt immer nur bestimmt zu werden. Abenteuer erleben, eine Eroberung machen, ungezähmte Freiheit in sich aufsaugen.

Nicht nur vonseiten der Psychologie, sondern auch auf dem christlichen Markt der Möglichkeiten wird solch eine gelebte Freiheit propagiert. Weder unverständlich noch zu Unrecht. Trotzdem beschleicht mich gelegentlich die Angst, ob eine so verstandene Berufung zur Freiheit nicht am Ende noch mehr verlorene Söhne oder verlorene Töchter hervorbringt.

Willkommen im Himmel. Du musst nicht erst weglaufen, um von deinem himmlischen Vater ein gemästetes Kalb geschlachtet zu bekommen:

> »Mein Sohn, meine Tochter, du bist allezeit bei mir, und alles, was mein ist, das ist dein.«
>
> Lukas 15,31

Willkommen im Himmel! Wenn der Vater seinen heimkehrenden Sohn mit diesem Jubelruf in die Arme schließt, um wie viel mehr gilt sein herzliches »Du bist willkommen daheim« dem, der schon bei ihm ist. Was wäre das für ein Gott, mit dessen Gaben man sich erst zu einem gott-losen Leben auf und davon machen muss, um bei der Heimkehr mit einem gemästeten Kalb belohnt zu werden? Nachvollziehbar, dass der ältere Sohn bei diesem Gedanken sauer wird. Und der Vater? Er kennt seine Pappenheimer und weiß, mit welchen Gedankenspielen wir uns gelegentlich das Leben und den Glauben selbst schwer machen. Was für unseren himmlischen Vater die größte Selbstverständlichkeit ist, scheinen Kinder nicht oft genug hören zu können: Mein Kind, du bist allezeit bei mir und alles, was mein ist, das ist auch dein. Warum hat der ältere Sohn seinen Vater eigentlich nie um einen Bock gebeten, um mit seinen Freunden zu feiern?

Wann haben Sie sich von Gott zum letzten Mal ein gemästetes Kalb schlachten lassen?

Wenn Sie sich als Mutter und Familienmanagerin vergeblich nach Anerkennung und Wertschätzung sehnen, wenn Sie das dumpfe Gefühl beschleicht, der Schuhabstreifer für alles zu sein und Ihnen Ihre Blumen besser zuhören als Ihr Ehemann, dann nehmen Sie Gott beim Wort und bitten Sie ihn darum, Ihnen sein gemästetes Kalb zu schlachten.

Wann haben Sie sich von Gott zum letzten Mal ein gemästetes Kalb schlachten lassen?

Wenn Ihre Arbeit Sie an die Grenzen des Erträglichen bringt, wenn Ermutigung und vielleicht auch Erfolg ausbleiben, wenn Schulden drücken und nichts in Aussicht ist, was diesen Lauf im Hamsterrad positiv unterbrechen kann und worauf Sie sich freuen können, dann bitten Sie Gott um seinen gemästeten Bock im Stall.

Wenn die Harmonie in Ihrer Ehe abgekühlt ist, wenn eine Ehe gar nicht in Sicht ist oder der Ehepartner Ihnen genommen wurde, dann bitten Sie Gott, Ihnen sein gemästetes Kalb zu schlachten.

Wenn Ihnen der Glaube schwerfällt und Sie keine Kraft mehr haben, auf Gott zu vertrauen, vielleicht weil Gott ein Gebet nicht so erhört, wie Sie es sich erhofft haben, oder weil Sie durch ein dunkles Tal geführt werden, dann bitten Sie Gott um sein gemästetes Kalb im Stall.

Wenn Sie mit dem älteren Sohn einstimmen können: Keiner interessiert sich für mich. Keiner nimmt mich und meinen Einsatz wahr. Keiner sagt mir einmal: Du, ich finde es stark, wie du dich einbringst. Du, ich finde dich stark und schätze dich. Dann lade ich Sie ein, sich von unserem Vater im Himmel sein gemästetes Kalb schlachten zu lassen.

Ich weiß nicht, was für ein Kalb Gott speziell für Sie aus seinem Stall zieht. Aber ich weiß, dass er eines für Sie bereithält und Sie herzlich gerne damit erfreuen, ermutigen und stärken will. Und nicht nur das. »Mein Sohn, meine Tochter, du bist allezeit bei mir, und alles, wirklich alles, was mein ist, das ist auch dein.« Sie dürfen Ihren Vater im Himmel darum bitten und sich überraschen lassen, was er für Sie aus seinem Stall holt.

Die Geschichte vom barmherzigen Vater und seinen beiden Söhnen erinnert uns: Man kann auf zwei Arten davonlaufen. Ich muss nicht unbedingt äußerlich weggehen, ich kann mich auch innerlich zurückziehen. Vielleicht haben Sie schon resigniert und Depression ist eingekehrt, wo einmal Freude gewohnt hat.

Jesus malt uns einen Vater vor Augen, der nur darauf wartet, dass seine Kinder zu ihm kommen, unabhängig davon, woher, ob aus großer Ferne oder aus einer inneren Zurückgezogenheit. Willkommen im Himmel. Unser himmlischer Vater hält sein gemästetes Kalb für Sie bereit.

Warum noch warten?

Von heftigem Durst geplagt wandern drei Schildkröten nach Hause. An nichts anderes können sie denken als an die frische Quelle, die sie dort erwartet. Sie laufen ein Jahr, zwei Jahre, drei Jahre. Endlich kommen sie an. Gierig wollen sich die ersten beiden Schildkröten auf das Wasser stürzen, als die Dritte bemerkt, dass sie ihre Trinkbecher vergessen haben. »Ach, das ist doch egal!«, stöhnt die erste Schildkröte. »Ich habe so einen Durst!«, klagt die zweite Schildkröte. »Nein, nein«, erwidert die dritte Schildkröte, »ohne Trinkbecher, nie und nimmer! Wo bleiben denn eure Manieren! Ihr wartet hier und ich gehe zurück und hole unsere Trinkbecher!« Die anderen lassen sich wohl oder übel darauf ein, setzen sich auf einen Stein und warten. Sie warten ein Jahr. Sie warten zwei Jahre. Sie warten drei Jahre. Schließlich hält es eine der beiden Schildkröten nicht mehr aus und meint zur anderen: »Also mir ist jetzt alles egal, ich muss jetzt etwas trinken!« Sie geht zur Quelle und gerade als sie einen Schluck nehmen will, kommt die dritte Schildkröte hinter einem Busch hervorgekrochen und meint: »Also wenn ihr schummelt, dann laufe ich gar nicht erst los …«

Manchmal habe ich den Eindruck, dass wir es zusammen mit dem älteren Sohn wie die drei Schildkröten machen. Die Quelle liegt direkt vor uns und wir stehen uns selbst im Weg. Durstig harren wir aus, anstatt zu trinken.

Auch daheim im Vaterhaus Gottes sind Entscheidungen gefragt. Vielleicht leben Sie schon viele Jahre als Christ und merken doch: Sie sitzen noch immer vor der Quelle, anstatt aus ihr zu trinken. Dann ist eine Entscheidung gefragt. Bitten Sie den Vater um sein gemästetes Kalb. Und kehren Sie zurück in das Vaterhaus Gottes, anstatt sich draußen vor der Türe in der Knechtsrolle zu gefallen. Kommen Sie herein, bevor echte, kostbare Demut zur demütigen Fassade wird, hinter der bittere Wurzeln aufzukeimen beginnen.

Die Quelle liegt direkt vor uns und wir stehen uns selbst im Weg.

»Denn ihr habt nicht einen knechtischen Geist empfangen [...]; sondern ihr habt einen kindlichen Geist empfangen, durch den wir rufen: Abba, lieber Vater!«

Römer 8,15

Sie sind nicht zum Knechtsstand berufen, sondern zur Kindschaft.

Vielleicht wissen Sie aber auch ganz genau: Ich bin davongelaufen. Ich bin gegangen, als man mich gebraucht hätte. Ich habe mich selbst mehr geliebt als Gott und die mir anvertrauten Menschen. Ich habe die mir von Gott geschenkten Gaben und Fähigkeiten eingesetzt, um mich in Szene zu setzen, anstatt Gott die Ehre zu geben. Ich habe die mir von Gott geschenkte Zeit mit nichtigen Dingen vergeudet. Den mir von Gott geschenkten Körper habe ich der Hurerei hingegeben – in meinen Gedanken, vor dem Fernseher, im Internet – oder wie der jüngere Sohn ganz real. Ich habe mein Leben ohne Gott gelebt. Ich habe...

Wenn ich jedoch merke, dass ich in die falsche Richtung gelaufen bin, nichts meinen Hunger nach echtem Leben gestillt hat, nur ein leerer Magen und ein leeres Herz geblieben sind, dann gibt es jetzt zwei Alternativen: Weiter so bis zum bitteren Ende – oder aussteigen und umkehren.

Kennen Sie die Sportart Baseball? Beim Baseball bekommt man einen Ball zugeworfen, den man mit einem Knüppel in die Ferne schießen muss. Und dann heißt es laufen, laufen, laufen, bis das Baseballfeld einmal umrundet ist und der Läufer wieder zu Hause, am Startpunkt, angekommen ist. Denn die Punkte gibt es für diesen Homerun, für das Erreichen der sogenannten Homeplate, eben des Heimatortes.

Bei den Schweinen dämmert es unserem Mann im Gleichnis, dass er sich verlaufen hat. Er braucht eine Schweineherde, um zu erkennen, was im Leben zählt: einzig und alleine der Homerun, der Weg nach Hause. Was beim Baseball nur anstrengend ist, kann im wirklichen Leben richtig wehtun, vielleicht wie ein Sprung vom fahrenden Karussell. Es gehört Mut dazu, auszusteigen und sich aufzumachen, weg von all den Orten, an die wir einfach nicht hingehören, und zu unserem himmlischen Vater und in sein Vaterhaus heimzukehren. Ohne eine bewusste Entscheidung geht das nicht.

Sie sind willkommen im Vaterhaus Gottes. Gott, unser himmlischer Vater, wartet sehnsuchtsvoll auf Sie.

Himmelwärts – schon heute

Weshalb beginnt ein Buch, das uns den Tod und das ewige Leben im Licht der Bibel deuten und uns Gottes endzeitlichen Heilsweg erschließen will, mit dem Gleichnis von Jesus über den barmherzigen Vater und seine beiden Söhne? Die Antwort ist einfach: Nicht der Tod, sondern die ausgestreckten Arme Gottes sind das Tor zur Ewigkeit.

Nicht der Tod, sondern die ausgestreckten Arme Gottes sind das Tor zur Ewigkeit.

Wir sollten uns darüber im Klaren sein, was es mit dem Tod auf sich hat. Um diese Klarheit zu bitten, lehrt uns auch Psalm 90:

> »Lehre uns bedenken, dass wir sterben müssen, auf dass wir klug werden.«
>
> Psalm 90,12

Mit dem Tod den Ausgang aus dieser Welt zu kennen, ist das eine, den Eingang in Gottes neue Welt zu finden, das Entscheidende. Dieser Eingang in Gottes himmlische Welt befindet sich jedoch nicht erst am Ende unseres Lebens. Im Gegenteil: Hier finden ihn die meisten nicht mehr. Himmelwärts geht es für uns, wenn wir uns durch das Gleichnis von Jesus unseren himmlischen Vater vor Augen malen lassen und uns mit einer bewussten Entscheidung heute zu einem Leben mit Gott aufmachen.

So steht unser Leben unter der doppelten Perspektive des »schon jetzt und noch nicht«. Als Christen gehören wir »schon jetzt« zu Gottes Reich, das doch »noch nicht« vollendet ist. Als Christen haben wir *schon jetzt* unsere Heimat in Gottes Vaterhaus und sind *doch noch* auf dem Weg. Beides gehört zusammen: im Glauben an Jesus Christus *schon jetzt* daheim zu sein und mit dieser Gewissheit dann Gottes endzeitlichen Heilsweg auch zu gehen.

Auf diesem Weg stellen wir uns im nächsten Kapitel dem Tod, ganz im Sinn von Psalm 90,12, auf dass wir klug werden.

3. Für unsere Bestattung ist gesorgt

Jeder Koch gibt mal den Löffel ab.
Jeder Fußballer beißt einmal ins Gras.
Jedem Elektriker geht einmal das Licht aus.
Jeder Gärtner begegnet mal dem Sensenmann.
Jeder Bergarbeiter fährt mal in die Grube.
Jeder Landwirt schaut sich mal die Radieschen von unten an.
Jeder Fährmann muss mal über den Jordan.
Jeder Maler kratzt mal ab.
Jedem Uhrmacher schlägt einmal das letzte Stündchen.
Jeder Zahnarzt hinterlässt mal eine schmerzliche Lücke.
Jeder Schauspieler tritt einmal von der Bühne ab.
Jeder Pfarrer segnet mal das Zeitliche.
Jeder Beamte schläft mal friedlich ein.

Makabere Euphemismen lassen uns in guten Zeiten schmunzeln. Nichtsdestotrotz sind sie nur ein trostloser Versuch, jene brutale Wirklichkeit zu verarbeiten, dass der Tod für jeden von uns unumgänglich ist.

Doch warum ist das so? Weshalb müssen Menschen sterben? Wenn Gott uns so sehr liebt, wie es uns Jesus im Gleichnis vom barmherzigen Vater vor Augen malt, weshalb hat er dann sich und uns nicht unseren Tod erspart? Es wäre ihm doch ein Leichtes gewesen.

Gleich die ersten Seiten der Bibel nehmen uns in jene Frage nach dem Warum des Todes hinein. Eine Klärung macht uns nicht nur klug, sie führt uns mitten hinein in Gottes Herz voller Liebe.

Der Tod – warum?

»Du darfst essen von allen Bäumen im Garten, aber von dem Baum der Erkenntnis des Guten und Bösen sollst du nicht essen; denn an dem Tage, da du von ihm isst, musst du des Todes sterben.«

1. Mose 2,16f

Was für eine Einladung. Man staunt und ist geneigt, sie angesichts der deutlichen ersten Warnung vor dem Tod zu überlesen. Hören wir noch einmal genau hin und lassen wir es an unser Herz, wie großzügig und großmütig Gott uns an Leib und Seele versorgen will, wenn er uns zum Essen und Genießen einlädt: *»Du darfst essen von allen Bäumen im Garten.«* Man muss sich diese Aufforderung auf der Zunge zergehen lassen. Du darfst die Früchte aller Bäume im Garten genießen. Und was für Früchte das gewesen sein müssen. Genannt werden sie ja nicht. Nur erahnen lassen sie sich in ihrer ganzen Fülle, angesichts jener herrlichen Schilderungen, wie Gott alles sehr gut erschaffen hat.

Eine einzige Frucht aus der Fülle des Angebotes allerdings nennt uns Gott und mit ihr sogar den Ort, an dem sie zu finden ist. Die Frucht des Lebensbaums in der Mitte des Gartens. Das ist kein Zufall und mehr als nur eine Empfehlung. Das ist eine Einladung, die sich in ihrer Zurückhaltung aber auch nicht aufdrängen will. Gott pflanzt den Lebensbaum in die Mitte des Gartens Eden und lädt den Menschen ein: *»Du darfst essen von allen Bäumen im Garten.«*

Mit dieser diskreten und doch deutlichen Geste lädt Gott den Menschen ein, vom Baum des Lebens zu essen und damit ewig zu leben. Spüren Sie, was Gott Ihnen damit für ein Signal sendet, mit was für einer Liebeserklärung er Ihr Herz berühren will? Gott wünscht sich nichts sehnlicher, als ewig mit Ihnen zusammen zu sein. Herzlich lieb hat er Sie und will nicht mehr ohne Sie leben. Deshalb der Baum des Lebens. Seine Früchte sollten dem Menschen das ewige Leben schenken.

Und was macht der Mensch, damals und im übertragenen Sinn bis zum heutigen Tag? Inmitten der ihn umgebenden Lebensfülle, inmitten des einzigartigen Angebots, die Gaben Gottes in Hülle und Fülle zu genießen, greift er sich den einzig verbotenen Baum heraus. Doch nicht nur, dass er ein Verbot übergeht. Der Mensch schlägt Gottes Einladung aus, vom Lebensbaum zu essen und ewig zu leben. Anstatt sich an den Baum des Lebens und an die ihn umgebende Fülle der anderen Bäume zu halten, vergreift sich der Mensch am einzig verbotenen Baum, dem Baum der Erkenntnis des Guten und Bösen.

Wie muss es Gott ergangen sein. Wie muss es sein Herz zerrissen haben. Wie hat er wohl vor Enttäuschung, Traurigkeit und Schmerzen gelitten. Nicht nur, dass Adam und Eva sein Gebot übertreten haben: Ihr Ungehorsam hat den Menschen und seinen Schöpfer um die gemeinsame Ewigkeit gebracht. Was Gott sich so sehr gewünscht hat, war nun aus und vorbei. Nichts geht mehr. Gott und Mensch, das passt nicht mehr zusammen, nachdem sich der Mensch auf eine andere Beziehung eingelassen hat. Mit der Sünde hat er sich verbunden. Zum Sünder ist er damit geworden. Jetzt ist die Sünde ein Teil des Menschen und der Mensch wesensmäßig Sünder.

Die Konsequenz liegt auf der Hand. Wenn Gott in seiner Liebe den Menschen nicht teilen mag und sich schon gar nicht seine Ewigkeit mit der Sünde verunreinigen will, die den Mensch inzwischen durch und durch verunreinigt, dann muss der Mensch vom Baum des Lebens weg und aus dem Paradies hinaus.

Ja, aber, könnte ein Einwand lauten, mit dem gelegentlich auch die Glaubwürdigkeit der Bibel infrage gestellt wird: Dann hat Gott den Menschen doch gar nicht umgebracht, wie er es im Fall seines Ungehorsams angedroht hat; er hat ihn doch nur aus dem Paradies vertrieben.

Schauen wir nach, wie es die Urgeschichte überliefert:

> »Da wies ihn Gott der Herr aus dem Garten Eden, dass er die Erde bebaute, von der er genommen war. Und er trieb den Menschen hinaus und ließ lagern vor dem Garten Eden die Cherubim mit dem flammenden, blitzenden Schwert, zu bewachen den Weg zu dem Baum des Lebens.«
>
> 1. Mose 3,23f

Tatsächlich: der Mensch wird nach seinem Ungehorsam nur aus dem Paradies vertrieben. Und doch bedeutet das nichts anderes als das, was Gott mit jenen Worten angekündigt hat:

> »An dem Tage, da du von ihm isst, musst du des Todes sterben.«
>
> 1. Mose 2,17

Mit dem Hinauswurf aus dem Paradies wird der Mensch zwangsweise vom Baum des Lebens und damit vom Leben selbst entfernt. Wer Gottes Einladung ignoriert und seine Gebote übertritt, bringt sich um – um das Paradies, um den Lebensbaum und damit um das ewige Leben. Mit jenem Tag der Urzeit ist die Welt gottlos geworden, Gott los. Die Sünde des Menschen, meine Sünde, hat die Gemeinschaft mit Gott zerstört und dem Totenreich den Schlund geöffnet. Der Apostel Paulus bringt es kurz und knapp auf den Punkt:

> »Der Sünde Sold ist der Tod.«
>
> Römer 6,23

Der Tod – mitten im Leben

Nun leben wir außerhalb des Paradieses. Doch was ist das für ein Leben?

»Und siehe, es war sehr gut«, freut sich Gott am Anfang. Gott sei Dank gibt es Tage, an denen wir heute noch dankbar und staunend in dieses erste »sehr gut« einstimmen können. Vielleicht ist es ein Spaziergang über eine blühende Blumenwiese, eine Bergwanderung oder ein Urlaub am Meer, durch den uns Gott an seinem eigenen Gefühl damals im Paradies teilhaben lässt: »Und siehe, es war sehr gut.« Wenn uns etwas gelungen ist; wenn unerwartet eine »Türe« aufgegangen ist und wir einen Weg gehen können, der zu uns passt; wenn wir den Stress und die Hektik des Alltags für eine Weile hinter uns lassen können, dann lässt uns das mit einem Gefühl der Dankbarkeit, der Zufriedenheit und der Freude aufatmen. Eine Liebeserklärung, ein harmonischer Familientag, ein Kinderlachen oder ein ermutigendes Wort können uns Flügel verleihen und uns mit dem Gefühl durchfluten: Es ist schön, zu leben. Gott hat es sehr gut gemacht.

Wir haben der Sünde die Hand gereicht und der Tod hat eingeschlagen.

Wie oft in unserem Leben haben wir uns aber leid- und schmerzvoll unter die tiefe Angefochtenheit dieses »sehr gut« zu beugen. Warum das so ist? Auch wenn die folgende Antwort im konkreten Einzelfall differenzierter und seelsorgerlich verantwortet gegeben werden muss, führt sie uns doch zur grundlegenden Ursache allen Leidens zurück: Wir haben der Sünde die Hand gereicht und der Tod hat eingeschlagen.

Gott hatte Adam und Eva gewarnt: *»An dem Tage, da du von ihm isst, musst du des Todes sterben.«* Sie haben gegessen. Der Tod hat sie ereilt, nicht in naher oder ferner Zukunft, sondern »an dem Tag«. Sie sind nicht umgehend verstorben, aber fortan mit dem Tod konfrontiert. Entsprechend klagt nach der Antiphon aus dem elften Jahrhundert *»Media vita in morte sumus«* der Choralanfang »Mitten wir im Leben sind mit dem Tod umfangen«[2].

Schon die Psalmen wissen ein Lied davon zu singen, dass mitten im Leben der Tod nach uns greift. Im Spiegel der Psalmen erwartet uns der Tod nicht irgendwann einmal passiv in der Zukunft, sondern bedrängt uns aktiv mitten im Leben. Krankheit, Feinde, Rechtsnot oder Schuld werden in den Psalmen als reale Begegnungen mit dem Tod wahrgenommen. Deshalb bitten viele Psalmen auch nicht nur um Hilfe angesichts der einen oder anderen konkreten Anfechtung. Die Psalmbeter ringen und flehen darum, vor dem Tod bewahrt oder aus dem drohenden Tod zurück ins Leben errettet zu werden. So zum Beispiel Psalm 141:

»Mitten wir im Leben sind mit dem Tod umfangen.«

> »Ja, auf dich, Herr, sehen meine Augen; ich traue auf dich, gib mich nicht in den Tod dahin.«
>
> Psalm 141,8

Der Beter von Psalm 6 geht noch weiter und untermauert sein Klagen und Bitten mit einem für Gott eigentlich nicht von der Hand zu weisenden Argument:

> »Denn im Tode gedenkt man deiner nicht [Gott]; wer wird dir bei den Toten danken?«
>
> Psalm 6,6

Andere Psalmen sprechen nicht direkt vom Tod, gebrauchen aber Bilder dafür, allen voran das der »Tiefe«. Drei Beispiele, zwei aus einem Klagepsalm und eines rückblickend aus einem Danklied:

»Errette mich [...],
dass mich die Flut nicht ersäufe
und die Tiefe nicht verschlinge
und das Loch des Brunnens
sich nicht über mir schließe.«

Psalm 69,15f

»Aus der Tiefe rufe ich,
Herr, zu dir.
Herr, höre meine Stimme!
Lass deine Ohren merken
auf die Stimme meines Flehens!«

Psalm 130,1f

»Ich preise dich, Herr;
denn du hast mich
aus der Tiefe gezogen.«

Psalm 30,2

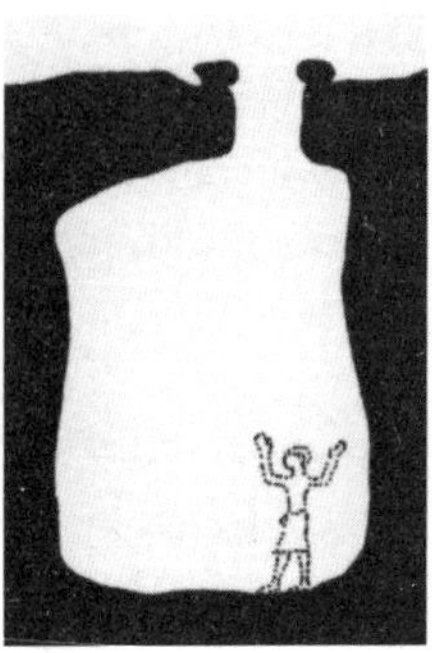

Querschnitt durch eine typische Zisterne[3]

Wenn die Psalmen vom Tod sprechen, dann beklagen sie genau diese Einsicht: dass der Mensch, wie in einer tiefen Grube, schon mitten im Leben vom Tod umfangen ist. Zur Todesbegegnung kommt es nicht erst bei der Beerdigung oder bei der Diagnose Krebs, sondern nach alttestamentlichem Verständnis bei allem, was dem Leben widerstrebt. Krankheit, Leid, Verlust- und Mangelerfahrungen aller Art – und seien sie noch so unbedeutend wie zum Beispiel ein Schnupfen – sind Todeserfahrungen.

Was auf den ersten Blick für den modernen Menschen überraschend und irritierend wirken mag, führt uns beim näheren Betrachten in eine der größten Nöte unserer Gesellschaft mitten hinein. So malte eine depressive Frau im Jahr 2001 ein Bild, dessen Ähnlichkeit zu obigem Querschnitt einer tiefen Grube aus der Welt der Psalmen frappierend ist.

Alles, was dem Leben widerstrebt, ist Begegnung mit dem Tod. So irritierend und aktuell zugleich jene biblische Einschätzung der Dinge ist, so zwingend notwendig ist mit den Psalmen jetzt der nächste Schritt zu gehen. Die Wahrnehmung der Realität ist das eine, sie zu gestalten das andere. Die Psalmen ermutigen uns mit ihrer Klage dazu. Wir dürfen klagen. Angesichts all dessen, was uns das Leben schwer macht, laden uns die Psalmen ein, mit ihnen zu klagen, zu bitten, Gott das Vertrauen auszusprechen und auch den Dank nicht zu vergessen, wo er uns aus Todesnot zurück ins Leben errettet hat.

Aber zurück in welches Leben? Jede Errettung aus dem Tod ist eine Rettung zurück in jenes Leben, das doch eines Tages im Tod enden wird – wäre da nicht Gottes Traum, den er von Anbeginn an hatte.

Gottes Traum

Das war es nun. Der Tod hat unser Leben im Griff. Für unsere Sünde werden wir sterben. Alles scheint geklärt – scheint. Zwei Fragen bleiben: Weshalb spricht die Bibel auch von einem zweiten Tod (Offenbarung 20,6.14)? Und weshalb brauchte es überhaupt einen Baum des Lebens im Paradies; wäre der Mensch, wenn er weder vom Baum der Erkenntnis des Guten und Bösen noch vom Baum des Lebens gegessen hätte, auch gestorben?

Zwei Fragen und eine Antwort, die keine bloße Gedankenspielerei sein will, sondern uns in Gottes Wesen hineinnimmt. Zur Beantwortung gehen wir noch einmal zurück zu 1. Mose 2. Dort erfahren wir, woraus Gott den Menschen erschaffen hat:

> »Da machte Gott, der Herr, den Menschen aus Erde vom Acker [wörtlich: »aus Staub vom Erdboden«].«
>
> 1. Mose 2,7

Gott schafft den Menschen aus »Staub vom Erdboden«. Während mit dem »Erdboden« (hebräisch *Adamah*) der Lebensraum des Menschen (hebräisch *Adam*) angedeutet wird, steht der »Staub« für seine Lebenszeit. Wie diese Zeit aussieht, lässt sich angesichts des Bildes vom »Staub« leicht erahnen. Gott hat dem Menschen seine letzte Herrlichkeit vorenthalten (vgl. Römer 5,2), ja, ihn sogar mit der Möglichkeit erschaffen, wieder zu dem zu werden, von dem er genommen ist, zu Staub. Trotzdem heißt dies nicht, dass Gott ihn auch dazu bestimmt hat. Im Gegenteil. Seine Bestimmung soll der Mensch im Baum des Lebens ergreifen:

> »Du darfst essen von allen Bäumen im Garten.«
>
> 1. Mose 2,16

Gott erschafft den Menschen unter dem Vorbehalt einer letzten Herrlichkeit und wünscht sich doch nichts mehr, als dass er diese erlangen und ewig leben möge. Ausdruck gibt er diesem Wunsch durch den Baum des Lebens. Von ihm soll der aus Staub geschaffene Mensch essen, um eine denkbare Vergänglichkeit zu überwinden und stattdessen ewig mit Gott zu leben.

Wie es gekommen ist, wissen wir. Mit der notwendigen Entfernung des Menschen vom Baum des Lebens wird ihm jede Möglichkeit genommen, Gottes Herrlichkeit zu erlangen und die Möglichkeit zu überwinden, wieder zu dem zu werden, wovon er genommen ist. Der Mensch überbietet diese Möglichkeit, wieder zu Staub zu werden, und das – anstatt positiv im Ergreifen des ewigen Lebens – negativ mit dem zweiten Tod. Von ihm lesen wir in Offenbarung 20:

> »Und der Tod und sein Reich wurden geworfen in den feurigen Pfuhl. Das ist der zweite Tod: der feurige Pfuhl.«
>
> Offenbarung 20,(6.)14

Was wäre gewesen, wenn der Mensch weder vom Baum der Erkenntnis noch vom Baum des Lebens gegessen hätte? Wäre er dann trotzdem irgendwann einen zumindest biologischen ersten Tod gestorben? Diese Frage bleibt spekulativ. Sie liegt auch nicht im biblischen Interesse. Gott hat den Menschen zum ewigen Leben in seiner Herrlichkeit bestimmt. Der Wunsch, dieses zu erlangen, oder die Gefahr, dieses zu verfehlen, sind für die Paradieserzählung leitend.

Angesichts der dann eingetretenen Entwicklung im Paradies fragt man sich: Weshalb erschafft Gott den Menschen überhaupt aus Staub und fordert ihn dann dazu auf, vom Baum des Lebens in der Gartenmitte zu essen? Wenn Gott den Menschen so sehr liebt, dass er sich nichts sehnlicher wünscht, als ewig mit ihm zusammen zu sein, dann hätte er ihn doch gleich ewig schaffen können. Weshalb hat Gott dem Menschen die Entscheidung überlassen?

Die Antwort liegt, glaube ich, auf der Hand. Sie hat etwas mit Liebe zu tun. Liebe drängt sich nicht auf und schon gar nicht ewig. Gott sehnt sich nach ewiger Gemeinschaft mit seinem Geschöpf.

Gott liebt Sie und er will seine Ewigkeit gemeinsam mit Ihnen verbringen. Diese ewige Gemeinschaft zwingt er

Ihnen jedoch nicht auf. So wenig sich die Liebe zwischen zwei Menschen erzwingen lässt, so wenig erzwingt sie Gott, indem er uns vor vollendete Tatsachen stellt. Der Mensch soll Gott seine Liebe und seine Sehnsucht nach ewiger Gottesgemeinschaft selbst zeigen, indem er das Angebot des Lebensbaumes annimmt und damit bekennt: Ja, auch ich liebe dich und wünsche mir nichts mehr, als ewig mit dir zusammen zu sein, Gott.

Der Mensch hätte zu jeder Zeit – bevor er sich auf die Sünde eingelassen hat – vom Baum des Lebens essen dürfen, ja sollen, und hätte damit ewiges Leben bekommen. Doch der Mensch vergreift sich am verbotenen Baum – geplatzter Traum.

Denkt man. Aber der Mensch denkt und Gott lenkt: Gott selbst kann es nicht ertragen, dass der Mensch nun wieder zu Staub werden soll, schlimmer noch, mit allem Staub dieser Welt einmal den zweiten Tod sterben muss. Gott leidet an uns und liebt uns doch noch immer wie am ersten Tag. Voller Liebe und Sehnsucht setzt Gott alles daran, sein Geschöpf zu retten, nicht nur zurück ins Leben dieser Welt, sondern über den Tod hinaus in seine Ewigkeit hinein. Wir sollen heimkehren dürfen, zu dem, der uns das Leben gegeben hat, heimkehren in Gottes Vaterhaus. Was es dazu braucht, ist eine Trennung von Mensch und Sünde. Ohne eine Befreiung von unserer Sünde bleibt der Himmel für uns ein Tabu. Will Gott nicht auch die Sünde in seine Ewigkeit hereinholen, muss er uns Menschen von unserer Sünde im wahrsten Sinn des Wortes erlösen. Was im Alten Testament anklingt, ist die Mitte des Neuen Testamentes.

So wenig sich die Liebe zwischen zwei Menschen erzwingen lässt, so wenig erzwingt sie Gott, indem er uns vor vollendete Tatsachen stellt.

4. Der Retter kommt

Lange hatte er sie dazu ermutigt. Jetzt war sie auf ihrem Frauenwochenende. Schon nach Minuten vermissen sie alle: der Ehemann, die Kinder und der Hund. Nach zwei Nächten und einem Tag steht er kurz vor dem Nervenzusammenbruch; nein, nicht der Hund. Da klingelt das Telefon. In den letzten Zügen greift er zum Hörer und meldet sich: »Jaaa?« »Hallo, mein Junge, ich bin es, deine Mama. Wie geht es dir?« Er spürt geradezu, wie das Leben zurückkehrt. »Na ja, ich bin hier das Wochenende alleine mit den Kindern. Alle sind krank. Der Kühlschrank ist leer, die Spülmaschine voll, die Wohnung ein Chaos und der Hund so inkontinent wie unser Jüngster. Und heute Abend kommt meine Liebste von ihrem Wochenende zurück und mit ihr drei Freundinnen zur Übernachtung auf der Durchreise.« –

»Also, von jetzt ab mach dir keine Sorgen mehr. Kopf hoch. Setz dich in dein Büro, lehn dich in deinem Schreibtischstuhl zurück und überlass alles andere mir. Wozu gibt es denn die Mama? In zwanzig Minuten bin ich bei euch. Unterwegs überlege ich mir ein stilvolles Abendmenü für die Damen und kaufe alles dafür ein. Sobald ich da bin, kümmere ich mich um die Kinder, koche, versorge den Hund und lege einen Staubsaugertanz aufs Wohnzimmerparkett, dass alles wie neu erstrahlt. Dann kann deine Liebste mit ihren Gästen kommen. Ah, da fällt mir ein: Was war noch das Lieblingsmenü von Eleonore?« »Eleonore? Wer bitte ist Eleonore?« »Na, Eleonore, deine Liebste, deine Frau!« »Meine Frau heißt Theresa!« »Ja, aber, habe ich denn nicht die 07981/989525 gewählt?« Nein, hier ist die 07981/989552!« »Oh, Entschuldigung. Da habe ich mich wohl verwählt!« »Wie, was? Heißt das, du kommst nicht...?«

Der Messias kommt. Unermüdlich kündigt Gott durch die Propheten des Alten Testaments den Retter an. Hoffnung keimt auf. Sehnsüchtig wird er erwartet. Wann kommt er endlich? Was wäre gewesen, wenn Gott im letzten Moment einen Rückzieher gemacht hätte: »Oh, Entschuldigung. Da habe ich mich wohl verwählt!«

Gott hält Wort. Sein Messias kommt. So wurde Gottes Verheißung durch den alttestamentlichen Propheten Sacharja beispielhaft zum Leitwort für den 1. Advent:

> »Du, Tochter Zion, freue dich sehr, und du, Tochter Jerusalem, jauchze! Siehe, dein König kommt zu dir, ein Gerechter und ein Helfer.«
>
> Sacharja 9,9

Gottes Messias, unser Helfer und Retter in Not, macht keinen Rückzieher. Gott hat sich nicht verwählt. Er bleibt seiner Wahl treu, einer Wahl aus Liebe. Für diese Liebe gibt Gott alles. Gottes Traum von einer gemeinsamen Ewigkeit mit seinem Geschöpf lässt ihn kreativ werden. Wie kreativ, darüber kann man nur staunen:

Nachdem wir nicht mehr zum Baum des Lebens kommen können, kommt Gott im Brot des Lebens zu uns.

Nachdem wir nicht mehr zum Baum des Lebens kommen können, kommt Gott im Brot des Lebens zu uns.

Jesus, das Brot des Lebens

> Jesus Christus spricht: »Ich bin das Brot des Lebens. [...] Wer von diesem Brot isst, der wird leben in Ewigkeit. Und dieses Brot ist mein Fleisch, das ich geben werde für das Leben der Welt.«
>
> Johannes 6,48.51

Der verheißene Messias Jesus Christus kommt und will uns Brot des Lebens sein. Nachdem uns der Baum des Lebens flöten gegangen ist, lässt uns die Geburt des Messias an Weihnachten flöten: *»Heut schließt er wieder auf die Tür zum schönen Paradeis.«*[4]

Was für ein Schritt. Wie der Mensch einst gehen musste, verlässt jetzt der Sohn Gottes die himmlische Herrlichkeit und geht uns nach. Freiwillig. Er hätte es nicht tun müssen. Ihn verunreinigt keine Sünde. Er gehört an die Seite des Vaters. Trotzdem macht er sich auf, aus Liebe. Trotzdem lässt er sich senden, für uns.

»Heut schließt er wieder auf die Tür zum schönen Paradeis.«

Noch einmal spricht Gott seine Einladung aus: zuzugreifen – wie damals vom Baum des Lebens, jetzt vom Brot des Lebens.

Noch einmal dürfen wir hören: Nimm und iss!

Noch einmal deckt uns Gott den Tisch:

»Schmecket und sehet, wie freundlich der Herr ist.«

Psalm 34,9

Eine zweite Chance

»Du darfst noch einmal.« Gelegentlich erlauben das Eltern ihren Kindern beim gemeinsamen Brettspiel. Ein Würfelwurf brachte nichts ein oder ein falscher Zug stürzte die Spielfigur mitsamt ihrem Spieler ins Unglück. Das Kind ist den Tränen nahe. Die Eltern leiden, wenn nicht im Herzen, dann doch an den Ohren. Wie erlösend für alle Beteiligten wirkt hier das Angebot: »Du darfst noch einmal.« Selbstverständlich und mit einer vor Stolz geschwellten Brust würden wir Großen natürlich ablehnen und stattdessen in die Niederlage gehen und wenn es sein muss in den Spieletod – doch Kinder? Weshalb sollten sie, wenn es doch die zweite Chance gibt? »Du darfst noch einmal.«

Deshalb hebt Jesus Kinder besonders hervor, als er seine Jünger ermahnt:

> »Wer das Reich Gottes nicht empfängt wie ein Kind, der wird nicht hineinkommen.«
>
> Markus 10,15

Während sich Erwachsene nichts schenken lassen können, verstehen Kinder es, zweite Chancen anzunehmen. Und sie haben recht: Weshalb soll ein Mensch bitte sterben, wenn es eine zweite Chance gibt zu leben? Nur weil ich zu stolz bin und meine, meine falschen Spielzüge oder Lebensentscheidungen selbst ausbaden zu müssen?

»Du darfst noch einmal.«

Gott gibt Ihnen eine zweite Chance zu einem ewigen Leben und zur ewigen Gemeinschaft mit ihm in der himmlischen Welt. Sie heißt Jesus Christus, das Brot des Lebens.

Nimm und iss vom Brot des Lebens

Zwei Schwaben verbringen ihren Sommerurlaub in den Alpen – und stürzen in eine Gletscherspalte. Zwei Tage vergehen, als sie plötzlich von oben eine Stimme vernehmen: »Hallo, ist da jemand? Hier ist das Rote Kreuz!« Ruft es aus der Gletscherspalte zurück: »Mir gäbet nix.«

Nimm und iss vom Brot des Lebens! Wie das geht? Hören Sie den Ruf Ihres Retters Jesus Christus, ergreifen Sie seine ausgestreckte Hand und nehmen Sie seine Hilfe an. Können Sie das? Können Sie Jesus leere, hilflose Hände entgegenstrecken und sich helfen lassen? Können Sie es für sich annehmen, dass Jesus Christus am Kreuz Ihre

Sünde getragen hat, also genau das, womit Gott nicht ewig zusammenleben kann und was jedem von uns den Tod einbringt?

Nimm und iss vom Brot des Lebens. Weil Jesus am Kreuz sündlos für die Sünde dieser Welt gestorben ist, darf ich ihm meine Schuld und mein Versagen mit der Bitte hinlegen: Herr, vergib. Am Kreuz nimmt Jesus auf sich, was Sie und mich von Gott trennt. Was ihn dort gehalten hat? Nein, nicht die Nägel. Am Kreuz halten Jesus nicht die Nägel, sondern seine Liebe zu Ihnen und zu mir. Was für ein Halt. Will mich meine Sünde in den Abgrund des Todes ziehen, hält mich die Liebe von Jesus und sein Zuspruch der Gnade Gottes: Dir sind deine Sünden vergeben.

Kennen Sie jenen Hügel zwischen Stuttgart und Leonberg, den die Stuttgarter nur liebevoll *Monte Scherbelino* nennen? Heute wachsen auf ihm Gras, Büsche und Bäume. Nach dem Zweiten Weltkrieg wuchsen dort die Trümmerhaufen. Tag für Tag beluden die Stuttgarter ihre Wagen und Karren mit den Scherben und Trümmern ihrer Häuser. Was in den Bombennächten zu Schutt und Asche wurde, ziehen und schieben die Menschen jetzt vor die Tore der Stadt, hinauf auf den Hügel im Westen. Die Trümmer und Scherben machen diesen Hügel zum *Monte Scherbelino* und ermöglichen den Einwohnern von Stuttgart einen Neuanfang.

Am Kreuz halten Jesus nicht die Nägel, sondern seine Liebe zu mir.

Ich darf abladen. Es gibt einen Ort, an den ich die Trümmer meines Lebens bringen darf, meine Sünde und Schuld mitsamt meinen Krankheiten, meiner Angefochtenheit und meinen unzähligen Nöten und schließlich mit meinem Sterben. Der Hügel Golgatha vor den Toren Jerusalems wird uns zu solch einem Ort. Dort, wo Jesus Christus für mich starb, darf ich abladen. Mit welchem Karren? Jesus selbst besorgt uns einen Wagen zum Aufladen unserer Schuld, wenn er seine Jünger und uns beten lehrt:

> »Und vergib uns unsere Schuld, wie auch wir vergeben unseren Schuldigern.«
>
> Matthäus 6,12

Die Bitte um Vergebung ist der Wagen, mit dem ich die Trümmer und den Zerbruch meines Lebens zu Jesus karren darf. All die gesammelten Trümmer dieser Welt machen ihn zum *Scherbelino* und uns zu erlösten und befreiten Menschen. Oder mit den Worten des Apostels Paulus:

> »Gott hat den, der von keiner Sünde wusste, für uns zur Sünde gemacht, damit wir in ihm die Gerechtigkeit würden, die vor Gott gilt.«
>
> 2. Korinther 5,21

Jesus wird mit meiner und Ihrer Sünde und mitsamt der Sünde dieser Welt zur Sünde in Person. Eine unglaubliche Aussage: Jesus trägt am Kreuz nicht nur unsere Sünde. Er wird zur Sünde. Kein Wunder, dass es bei der Kreuzigung am helllichten Tag rabenschwarz wird und Gott sich vor dem geballten Elend und der Fülle an Schuld und Unreinheit auf seinem Sohn abwenden muss. Schließlich stirbt Jesus mit meinen Krankheiten, meinem Leid und meiner Sünde an meiner statt. Anstelle des Lebensbaumes wird er damit zum Brot des Lebens für mich. Jesus will uns das Leben noch einmal schenken. Der Zugang zum Vater im Himmel ist wieder frei,

Die Bitte um Vergebung ist der Wagen, mit dem ich die Trümmer und den Zerbruch meines Lebens zu Jesus karren darf.

»denn durch ihn [Jesus Christus] haben wir [...] Zugang zum Vater.«

Epheser 2,18

Symbolisch reißt uns Gott den Himmel auf, als beim Eintritt des Todes von Jesus der Vorhang zum Allerheiligsten im Tempel in zwei Teile zerreißt. Willkommen im Himmel.

5. Auferstehung von den Toten

> Jesus Christus spricht: »Fürchte dich nicht! Ich bin der Erste und der Letzte und der Lebendige. Ich war tot, und siehe, ich bin lebendig von Ewigkeit zu Ewigkeit und habe die Schlüssel des Todes und der Hölle.«
>
> Offenbarung 1,17f

Dreimal drei Buchstaben katapultieren uns in die Mitte der biblischen Heilsgeschichte:

> »Ich war tot ...«
>
> Offenbarung 1,18

sagt Jesus Christus. Der Sohn Gottes war nicht nur scheintot, sondern tatsächlich tot. Am Kreuz ist er für meine Sünde gestorben. Ihre Todesmacht hat er auf sich genommen. Jesus Christus war tot.

Widerlegte Grammatik

Doch beachten wir noch einmal die Grammatik, wie dies Siegfried Kettling in seinem Buch »Du gibst mich nicht dem Tode preis«[5] verlangt:

»Ich *war* tot.« Entweder sagt doch ein Mensch von einem anderen, dass dieser jetzt tot *ist* und bemüht dabei die grammatikalische Zeitform der Gegenwart, oder er sagt von sich selbst, dass er einmal tot *sein wird*, womit er eine Aussage für die Zukunft trifft. Doch wer kann bitte von sich sagen: »Ich *war* tot«? Wenn Jesus genau dies von sich sagt, »Ich *war* tot«,

Jesus Christus war tot und behält doch das letzte Wort.

dann widerspricht seine Grammatik unserer Grammatik. Unsere Grammatik musste bislang dem Tod das letzte Wort überlassen. Ein Mensch, der vom Tod ereilt wurde, hat sein letztes Wort gesprochen. Und jetzt sagt plötzlich einer von sich: »Ich *war* tot.« Jesus Christus war tot und behält doch das letzte Wort. Kraft seiner Auferstehung von den Toten hat das letzte Wort nicht mehr der Tod, sondern der Sohn Gottes. Und so wenig bislang ein Toter noch etwas zu melden hatte, so wenig hat fortan der Tod noch etwas zu melden.

Wie kann aber ein »Ich war tot« von Jesus Christus zu einem »Ich war tot« von uns werden?

Die Erstlingsgabe gibt die Ernte frei

> »Nun aber ist Christus auferstanden von den Toten als Erstling unter denen, die entschlafen sind.«
>
> 1. Korinther 15,20

In seinem großen Auferstehungskapitel 1. Korinther 15 bezeichnet der Apostel Paulus Jesus Christus als »Erstling« der Auferstandenen, erklärt also sein Heilswerk mit einem Begriff, der alttestamentlich zutiefst vorgeprägt ist:

Gott hat Israel aus der ägyptischen Knechtschaft in das Gelobte Land geführt. Als Zeichen der Dankbarkeit soll ihm Israel die *erste* Ernte im neuen Land zum Opfer geben und erst jede nachfolgende Ernte selbst genießen. So lesen wir in 3. Mose 23:

> »Und am fünfzehnten desselben Monats ist das Fest der Ungesäuerten Brote für den Herrn; da sollt ihr sieben Tage ungesäuertes Brot essen. [...] Und [...] wenn ihr in das Land kommt, das ich euch geben

werde, und es aberntet, so sollt ihr die erste Garbe eurer Ernte zu dem Priester bringen. Der soll die Garbe als Schwingopfer schwingen vor dem Herrn, dass sie euch wohlgefällig mache. Das soll aber der Priester tun am Tage nach dem Sabbat.«

3. Mose 23,6.10f

Die Israeliten sollen die erste Ernte auf ihrem neuen Grund und Boden nicht für sich behalten, sondern dankbar Gott zum Opfer geben. Erst nach dieser Abgabe darf das Land für den eigenen Lebensunterhalt abgeerntet werden. Ohne das Erstlingsopfer für Gott stünde dem Menschen keine der nachfolgenden Ernteerträge zu. Das Erstlingsopfer für Gott ist deshalb nicht nur ein Zeichen der Dankbarkeit, sondern befreit regelrecht jede nachfolgende Ernte dazu, persönlich genossen zu werden.

Ist Ihnen beim Lesen des alttestamentlichen Bibeltextes aufgefallen, an welchem Termin genau diese Erstlingsgabe erbracht werden sollte? Die allererste Ernte soll Gott zum Opfer gegeben werden »am Tag nach dem Sabbat«, das ist der Sonntag. Dieser Sonntag ist allerdings nicht nur irgendein Sonntag. Es ist der Sonntag im Rahmen des Festes der Ungesäuerten Brote, also des Passahfestes. Als Christen nennen wir diesen Sonntag nicht »Passahfest-Sonntag«, sondern Ostersonntag. Am Tag nach dem Sabbat des Passahfestes, also am Ostersonntag, ist Jesus als »Erstling« aller Entschlafenen von den Toten auferstanden. Und wie die Erstlingsgabe der Ernte jede nachfolgende Ernte an diesem Tag zum persönlichen Lebensunterhalt freigibt, so befreit der »Erstling« aller Entschlafenen, Jesus Christus, am Osterfest alle Entschlafenen zur persönlichen Auferstehung.

Ohne Jesus als »Erstling« gäbe es keine weitere individuelle Auferstehung.

Wäre Jesus Christus nicht auferstanden, argumentiert Paulus, so hätte es keine Erstlingsgabe gegeben. Und ohne Jesus als »Erstling« gäbe es keine weitere individuelle Auferstehung. Erst die Auferstehung von Jesus erlaubt und ermöglicht auch unsere Auferstehung von den Toten.

Haben oder nicht haben

Die Erstlingsgabe der Auferstehung von Jesus Christus hat unsere Auferstehung möglich gemacht. Wie wird aus einem »möglich« ein »konkret«?

Im Wissen um seine Auferstehung von den Toten kann Jesus noch weitreichender von sich selbst sagen:

> »Ich bin die Auferstehung und das Leben.«
>
> Johannes 11,25

Was dies für uns zum Tod verurteilte Menschen bedeutet, liegt auf der Hand: Wenn Jesus die Auferstehung und das Leben in Person ist, dann gibt es unsere Auferstehung von den Toten und alles Leben nur mit Jesus. Ob wir Anteil haben am Leben und an einer Auferstehung von den Toten, entscheidet sich daran, ob wir an Jesus Anteil haben. Tot bleibt, wer Jesus nicht hat. Das Leben hat, wer Jesus hat. Dieses knappe Fazit zieht schon der 1. Johannesbrief:

> »Wer den Sohn hat, der hat das Leben; wer den Sohn Gottes nicht hat, der hat das Leben nicht.«
>
> 1. Johannes 5,12

Jesus selbst verspricht dies in der Fortsetzung seines sogenannten »Ich-bin-Wortes«:

»Ich bin die Auferstehung und das Leben. Wer an mich glaubt, der wird leben, auch wenn er stirbt.«

Johannes 11,25

Man mag es sich vorstellen: Ich werde einmal tot sein, tot und begraben. Schließlich wird außer ein paar Knochen nichts mehr von mir zu sehen sein. Trotzdem werde ich leben. Meine Augen haben sich aufgelöst, trotzdem werde ich Gott schauen. Mein Mund ist zu Staub geworden, trotzdem werde ich für Gott singen. Meine Beine sind zerfallen, trotzdem werde ich für Gott tanzen. Meine Hände sind vermodert, trotzdem werde ich sie zu Gott erheben.

Das Leben hat, wer Jesus hat.

So können wir bei einer Trauerfeier am Grab eines Menschen stehen und wissen doch nicht, wer nun wirklich tot ist und wer hier lebt. In den Augen der Biologie ist natürlich derjenige tot, der im Grab liegt, der Augen und Mund nicht mehr öffnet und Hände und Füße nicht mehr bewegt. Im Licht des Evangeliums ist die Sachlage eine völlig andere: Plötzlich geht der Tod mitten durch die Reihen derer, die organisch noch am Leben sind. Tot ist bei blühender Gesundheit, wer nicht an den Sohn Gottes glaubt. Das Leben hat, wer den Sohn Gottes hat, selbst wenn sein Leib vielleicht schon seit Jahren unter der Erde zerfällt und vermodert.

Auferstehung verschlafen?

Aus einem baltischen Dorf erzählt man sich von einem großen Fest. Hoch geht es her. Sehr spät erscheint ein letzter Gast, der aufgehalten worden war. Er wird nicht nur freudig begrüßt, sondern muss auch alle bis dahin versäumten Schnäpse nachholen. Als man sehr spät schließlich zu Bett gehen will, taucht die Frage auf, wo man den Nachzügler unterbringen kann. Alle Betten und Sofas sind belegt. Der Pfarrer weiß Rat. Er hat seine Pfarrscheune, die er nicht mehr benötigt, dem Sargmacher als Werkstatt überlassen; dort stehen die schönsten Särge reihenweise umher. Also packt man ein paar warme Sachen ein, die Kissen vom Sofa und die Tischdecke dazu und bettet den Kollegen in einen der vorhandenen Särge. Am nächsten Morgen erscheint er zum Frühstück in düsterer Stimmung, schlürft seinen Kaffee und sagt kein Wort. »Was hast du denn?«, fragt endlich einer. »Hast du nicht gut geschlafen?« – »Geschlafen?«, gibt er mürrisch zurück, »Nein, geschlafen habe ich ganz gut. Aber das Aufwachen! Ich richte mich auf, blicke nach rechts: lauter leere Särge. Ich schau schnell nach links: nichts als leere Särge. Mensch, bekomme ich es mit der Angst zu tun, du hast doch nicht etwa die Auferstehung verschlafen?«

Verschlafene Auferstehung: was für ein furchtbarer Gedanke. Doch auch ohne Alkoholkonsum und möglicherweise hellwach, kann man seine Auferstehung verschlafen. Was uns dagegen wach hält?

Wach hält uns allein der Glaube an Jesus Christus. Die dankbare Annahme seines Kreuzestodes uns zum Heil hält uns wach und am Leben, auch wenn die Welt stirbt und auch wir einmal sterben müssen.

> »Sind wir aber mit Christus gestorben, so glauben wir, dass wir auch mit ihm leben werden.«
>
> Römer 6,8

6. Hast du Heilsgewissheit?

Ob ich Heilsgewissheit hätte? Diese Frage wurde für mich zum Knaller im wahrsten Sinn des Wortes: Als 14-Jähriger unternehme ich mit dem Evangelischen Jugendwerk eine Fahrradtour durch den Schwarzwald. In der Nähe von Bad Teinach donnern wir mit vollen Satteltaschen die Straße hinunter. Plötzlich knallt es unter meinem Sattel, dass man es einen Kilometer weiter noch hört. Zerrissen hat es den Fahrradschlauch und den Mantel gleich mit. Die Fahrt ist zu Ende, zumindest für mich. Ohne Ersatzteile ist der Schaden irreparabel. Während die Gruppe dann weiterfährt, hängt sich unser Jugendreferent Siegfried Mayer ans Telefon. Seine Frau möge mich abholen kommen. Dann warten wir gemeinsam auf sie.

Dieses Warten wird für mich zu einer zweifachen Seelsorge, zum einen, weil unser Jugendreferent mit mir gewartet hat, und dann, weil er diesen Knaller an Frage gestellt hat, mutig und direkt: »Uwe, hast du Heilsgewissheit?«

Nun passiert einem das nicht alle Tage, dass man diese Frage gestellt bekommt: »Uwe, hast du Heilsgewissheit? Bist du einmal dabei in der Ewigkeit?«

Zögernd kommt meine Antwort: »Ich weiß nicht. Ich hoffe.« »So, du hoffst«, erwidert er. Und dann nimmt er mich hinein in das Johannesevangelium:

> »Wahrlich, wahrlich, ich sage euch: Wer mein Wort hört und glaubt dem, der mich gesandt hat, der hat das ewige Leben und kommt nicht in das Gericht, sondern er ist vom Tode zum Leben hindurchgedrungen.«
>
> Johannes 5,24

»Wer glaubt, der hat.« Aus einem »Ich hoffe« wurde am Ende des Gespräches ein »Ich weiß«. Ja, ich habe Heilsgewissheit. Nicht, weil ich mir sicher bin, sondern weil Jesus Christus dem, der an ihn glaubt, sein Heil verspricht. »Wer glaubt, der hat.«

Unser Heil und unsere Heilsgewissheit gründen »extra nos«, außerhalb unserer Person, wie es die Reformatoren nicht müde wurden zu betonen. Unser Heil gründet in Jesus Christus und im Glauben an ihn. Das entlastet, vor allem wenn wir bedenken, dass »glauben« keine gedankliche Leistung meint, sondern eine Beziehung.

> »Wer glaubt, der hat.«

»Glaube, dass ...« und »Glaube an ...«

Fragt der Gefängnispfarrer einen der Häftlinge: »Entschuldigung, aber weshalb hat man Sie hier eingebuchtet?« Antwortet dieser: »Na, Ihnen kann ich es ja sagen: Ich sitz hier um meines Glaubens willen.« »Wie, was? Kann nicht sein. Kein Mensch wird gegenwärtig in Deutschland um seines Glaubens willen verfolgt und inhaftiert.« »Doch, doch, wenn ich es Ihnen doch sage: Ich habe wirklich felsenfest geglaubt, – dass die Bank keine Alarmanlage hat.«

»Glauben, dass...« etwas so ist oder anders. Das ist das eine. Auch zum christlichen Glauben gehört das Fürwahrhalten von Tatsachen, indem wir glauben, dass Jesus Christus Gottes Sohn ist, dass er für uns gestorben ist, dass er auferstanden ist und noch manch anderes mehr. Doch was haben wir davon, dass etwas ist oder nicht ist? All das hätte noch nichts mit uns zu tun. Durch seinen Heiligen Geist schenkt uns Gott zu jenem »Glauben, dass...« einen »Glauben an...«, also eine Beziehung, ein Vertrauensverhältnis zu sich. Nur die vertrauensvolle Verbundenheit des Glaubens an Jesus Christus trägt im Leben und im Sterben und trägt uns hindurch in Gottes Ewigkeit. Wäre mein Glaube eine gedankliche Leistung, die sich auszeichnet im Fürwahrhalten von Tatsachen, was für schreckliche Konsequenzen hätte es, wenn ich durch einen Unfall oder eine Krankheit ins Koma fallen würde? Mit dem Verlust meines Denkvermögens wäre ich vom Glauben abgefallen. Nun ist der Glaube eine von Gott durch seinen Heiligen Geist geschenkte Beziehung. Deshalb glaube ich bei klarem Verstand oder angefochten durch Depressionen und selbst noch im Koma oder im Todeskampf. Es stimmt: Ich muss glauben, um gerettet zu werden. Doch so sehr mein Glaube und meine Heilsgewissheit auch zu mir gehören müssen, bleiben sie doch immer eine Gabe Gottes. Gottes Heiliger Geist glaubt in mir und glaubt mich in Gottes Ewigkeit hinein. In ihm und seinem Glaubensgeschenk habe ich Heilsgewissheit. »Wer glaubt, der hat.«

Nur die vertrauensvolle Verbundenheit des Glaubens an Jesus Christus trägt im Leben und im Sterben und trägt uns hindurch in Gottes Ewigkeit.

Gottes Heiliger Geist glaubt in mir und glaubt mich in Gottes Ewigkeit hinein.

Haben Sie Heilsgewissheit? Sind Sie einmal dabei in Gottes Ewigkeit?

7. Sein in Ewigkeit

Was hat es mit der Ewigkeit auf sich? Wann und wie beginnt sie? Was erwartet uns in Gottes Ewigkeit? Fragen über Fragen. Und noch mehr ließen sich stellen. Viele Fragen werden in diesem Buch nicht gestellt und schon gar nicht beantwortet. Die Grenzen zur Spekulation sind beim Versuch, Gottes Heilsgeschichte zwischen Tod und Ewigkeit erfassen zu wollen, schnell erreicht. Um der Glaubwürdigkeit willen ist weniger mehr. Auch wenn viele Fragen offenbleiben müssen, konzentrieren wir uns auf das tatsächlich in Gottes Wort Geoffenbarte. Bevor wir uns in den letzten Kapiteln dieses Buches mit Gottes neuer Schöpfung und dem Leben im himmlischen Jerusalem beschäftigen, soll es in diesem Kapitel grundlegend darum gehen, was es mit der Ewigkeit auf sich hat.

Zeit und Ewigkeit

Schon kleine Kinder denken und leben von Geburtstag zu Geburtstag. Voller Spannung und Vorfreude fiebern sie auf ihren großen Tag hin und genießen es, endlich wieder ein Jahr älter zu werden. Auch wenn ihnen je nach Alter noch ein konkretes Gefühl für zeitliche Abstände fehlen mag, besitzen sie doch schon ein Gespür für die Zeit, ihr Fortschreiten und ihr Ende im Leben eines Menschen angesichts seines Todes. Wenn Kinder dann über die Ewigkeit nachdenken, fasziniert und fesselt sie dieses mulmige Gefühl: Es gibt kein Ende mehr. Es hört nicht auf. Auf einen Tag folgt der nächste und das immerfort, unaufhörlich, ewig. Wem von uns geht es nicht ähnlich beim Versuch, sich vorzustellen, dass wir einmal immerfort in Gottes Ewigkeit leben werden?

Tatsächlich verbindet auch die Bibel mit der Ewigkeit einen zeitlichen bzw. überzeitlichen Aspekt. Unter diesem ersten Blickwinkel versteht sie »Ewigkeit« in der Tat als unbegrenzten »Zeit-«Raum. Dabei mag überraschen: Jener unbegrenzte »Zeit-«Raum der Ewigkeit erwartet uns nicht nur in einer nachzeitlichen Zukunft. Er erstreckt sich schon in der vorzeitlichen Vergangenheit dieser Welt. »Ewigkeit« versteht sich biblisch als unbegrenzter »Zeit-«Raum in der vorzeitlichen Vergangenheit dieser Welt und in ihrer nachzeitlichen Zukunft.

So schreibt beispielhaft der Apostel Paulus an Timotheus von der

> »Gnade, die uns gegeben ist in Christus Jesus vor der Zeit der Welt [wörtlich: »vor ewigen Zeiten«], [die] jetzt aber offenbart ist durch die Erscheinung unseres Heilands Christus Jesus, der dem Tode die Macht genommen und das Leben und ein unvergängliches Wesen ans Licht gebracht hat […].«
>
> 2. Timotheus 1,9f; vgl. Titus 1,2

Jesus kommt, stirbt für uns und steht von den Toten auf. Darin zeigt uns Gott ganz sichtbar seine Gnade. Geschenkt hat er sie uns schon viel früher: »vor ewigen Zeiten«. Deshalb gehört ihm auch

> »Ehre und Majestät und Gewalt und Macht vor aller Zeit, jetzt und in alle Ewigkeit!«
>
> Judas 25

Ein Doppeltes beeindruckt: Gottes Ewigkeit erwartet uns nicht nur in ferner Zukunft. Wir sind von ihr umgriffen. Unsere Zeit ist eingebunden in Gottes Ewigkeit. Das Leben dieser Welt und mit ihr mein Leben ist im Rückblick und im

Ausblick von Gottes Ewigkeit gehalten. Im wahrsten Sinn des Wortes ist unsere Zeit nur etwas Vorübergehendes. Gottes Ewigkeit bleibt – vor der Zeit dieser Welt und über sie hinaus. Und nicht nur Gottes Ewigkeit. Paulus geht noch weiter: »Vor ewigen Zeiten« hat Gott schon seine Gnade an Sie und mich verschenkt. Über Ihrem Leben steht: von Ewigkeit erwählt. Sie sind von Ewigkeit her zur Ewigkeit hin berufen.

Unsere Zeit ist eingebunden in Gottes Ewigkeit.

Wer dies im Glauben annimmt, also

> »von dem Wasser trinken wird, das ich ihm gebe, den wird in Ewigkeit nicht dürsten«,
>
> Johannes 4,14

verspricht Jesus.

Was dies für die Qualität der Ewigkeit zu bedeuten hat, wie Gott sie ausgestaltet, soll unten unser Thema sein (siehe Kapitel 13 und 14). Jetzt halten wir den quantitativ-zeitlichen Gesichtspunkt fest: Für immer und ewig ist bei Jesus unser Durst nach Leben gestillt.

Mit diesen ausgewählten Belegen verstehen wir Gottes Ewigkeit zunächst also mit Recht zeitlich bzw. überzeitlich im Sinn von »für immer«. Wenn wir uns auf ein ewiges Leben freuen, dann also auf ein immerwährendes Leben über den Tod hinaus. Ohne explizit von »Ewigkeit« zu sprechen, bringt der Apostel Paulus dieses Verständnis von Ewigkeit als einem immerwährenden Sein bei Gott auf den Punkt:

> »So werden wir bei dem Herrn sein allezeit.«
>
> 1. Thessalonicher 4,17

Mit genau dieser Überzeugung kommt allerdings ein weiterer, entscheidender Aspekt von Ewigkeit zum Tragen.

Ewigkeit – ein Ehrentitel Gottes

Im vorherigen Abschnitt haben wir die adverbielle Bestimmung der Zeit in 1. Thessalonicher 4,17 hervorgehoben: »allezeit«. Doch was wäre »allezeit« ohne eine qualitative Näherbestimmung? Was erwartet uns in der Ewigkeit?

Diese Frage beantwortet uns noch vor dem »allezeit« am Versende die Versmitte: *»bei dem Herrn sein«.*

Ewigkeit darf erst in zweiter Linie »zeitlich« verstanden werden. Zu allererst ist Ewigkeit ein Ehrentitel Gottes und ewiges Leben damit die Teilhabe an Gottes Leben – an dir, Gott, *»der du allein der Ewge heißt ...«*[6].

> »Ein ewiger Gott ist JHWH«
>
> Jesaja 40,28; vgl. Römer 16,26

Und zusammen mit seinem Sohn Jesus Christus ist JHWH in Person

> »das ewige Leben.«
>
> 1. Johannes 5,20

Ewigkeit ist deshalb eine Auszeichnung, wie sie alleine Gott gebührt. Gott ist die Ewigkeit. Wenn wir uns auf ein ewiges Leben nach dem Tod freuen, dann ist dies bei Weitem mehr als nur ein niemals endendes Leben. In Ewigkeit leben meint ein Leben in Gott. Oder wie es Jesus in seinem sogenannten hochpriesterlichen Gebet in Worte fasst:

> »Das ist aber das ewige Leben, dass sie dich, der du allein wahrer Gott bist, und den du gesandt hast, Jesus Christus, erkennen.«
>
> Johannes 17,3

Gotteserkenntnis schenkt also nicht nur ewiges Leben: ewiges Leben schenkt umgekehrt auch Gotteserkenntnis.

Die Brisanz dieser Aussage wird deutlich, wenn wir nachvollziehen, dass Erkenntnis in seiner biblischen Bedeutung gerade keine gedankliche Leistung meint, sondern ein Einswerden mit dem Erkannten, beispielhaft auf den Punkt gebracht schon bei Adam und Eva:

> »Und Adam erkannte seine Frau Eva, und sie ward schwanger.«
>
> 1. Mose 4,1

Wie Adam seine Frau Eva erkennt und mit ihr eins wird, so zeigt uns Jesus das ewige Leben als ein Leben in Einheit mit ihm und unserem himmlischen Vater. Ewiges Leben ist ein Leben in Einheit, vereinigt und eins mit dem dreieinigen Gott. Wenn Gott uns seine Ewigkeit schenkt, dann ist das nicht irgendetwas, sondern Gemeinschaft mit ihm, dem ewigen Gott. Ewigkeit ist zuerst ein Beziehungsgeschehen und erst als solches ein immerwährendes Leben.

> Gotteserkenntnis schenkt ewiges Leben und ewiges Leben schenkt Gotteserkenntnis.

Deutlich wird dieser Beziehungsaspekt auch, wenn wir sehen, wie Gott uns in seiner Ewigkeit willkommen heißt.

8. Eine himmlische Hochzeit

»Lasst uns freuen und fröhlich sein und ihm die Ehre geben; denn die Hochzeit des Lammes ist gekommen, und seine Braut hat sich bereitet. Und es wurde ihr gegeben, sich anzutun mit schönem reinem Leinen. Das Leinen aber ist die Gerechtigkeit der Heiligen.«

Offenbarung 19,7f

Gott heißt uns in seiner Ewigkeit mit einer himmlischen Hochzeit willkommen. In der Einladung zu einer himmlischen Hochzeit untermauert Gott seinen Wunsch nach ewiger Gemeinschaft und sein Verständnis von Ewigkeit als einer ewigen Einheit zwischen sich und uns als seinen geliebten Geschöpfen. Die Ehe zwischen Mann und Frau ist, zumindest so, wie sie von Gott ohne unsere menschlichen Unzulänglichkeiten gedacht war, die tiefste Form von Beziehung. Deshalb wählt Gott sie auch als Bild für seine Ewigkeit mit uns. Immer wieder bezeichnet Jesus sich selbst als unseren Bräutigam und die Gemeinde als seine Braut, also die Gläubigen aller Zeiten und Orte dieser Welt zusammen. Als christliche Gemeinde sollen wir einmal mit Jesus Christus zusammen sein und Gemeinschaft haben, wie sie tiefer und schöner nicht sein kann.

Genau zehn Jahre sind es heute, während ich diese Zeilen schreibe, dass meine Frau und ich uns auf dem Standesamt das Jawort gegeben haben. Was uns dazu bewogen hat? Nein, unsere Eltern haben uns nicht füreinander auserkoren. Unsere Väter haben sich auch nicht bei einem Bier darauf verständigt, ihre Kinder miteinander zu verheiraten. Wie in unserer westlichen Gesellschaft möglich und üblich geworden, hat auch bei uns die Romantik ihre zusammenführende

Kraft entfaltet. Das war nicht immer so, und in manchen Ländern bestimmen, wie schon im alten Israel, noch heute die Väter den Bräutigam für die Tochter oder die Braut für den Sohn. Um keine Zweifel aufkommen zu lassen: Ich hätte nicht tauschen wollen. Sehen wir allerdings, wie die Bibel dieses Prinzip der Auswahl durch den Vater aufnimmt und auf unsere Beziehung zu Jesus Christus überträgt, beginne ich für alles, was mein himmlischer Vater arrangiert hat, dankbar zu werden.

Der Vater wählt die Braut aus

Man mag es sich vorstellen, wenn die Beziehung zu Gott wie eine Partnerfindung in unserem westlichen Kulturkreis laufen müsste. Noch einmal derselbe Stress: Wie stelle ich es nur an, ihn von mir zu überzeugen? Noch einmal den »Bagger anwerfen« müssen. Noch einmal dieser Mix aus werben, hoffen und bangen. Und erst die armen Blumenblüten: »Er liebt mich. Er liebt mich nicht. Er liebt mich ...«

All das erspart uns Gott, wenn er nach dem Prinzip verfährt: Der Vater wählt die Braut aus. Gott hat gewählt, ohne zu zögern. Der Vater hat seine Wahl getroffen und sich entschieden – für Sie und mich. Sie sind geliebt, erwählt, berufen und für immer gewollt. Darf ich es Ihnen noch einmal zusagen? Es gibt ja Dinge, die man nicht oft genug hören kann, gerade, wenn es um die Liebe geht: Sie sind als Braut an der Seite des Bräutigams Jesus Christus geliebt, erwählt, berufen und für immer gewollt. Der Vater wählt die Braut aus. Seine Wahl ist auf Sie gefallen. Sie hat er auserwählt. Gott wünscht sich, dass Sie im himmlischen Jerusalem an der Seite seines Sohnes ewig leben. Sein Blick ist auf Sie gefallen und sein Herz beginnt bei Ihnen höher zu schlagen. Als Braut seines Sohnes Jesus bekommt er mit

Ihnen ein geliebtes Kind dazu – wie manche Eltern an der Hochzeit ihres Kindes den Schwiegersohn oder die Schwiegertochter als weiteren Sohn oder Tochter in der Familie willkommen heißen.

Dafür hat Gott sogar die Werbung übernommen: mit Liebesbriefen und Liebesbeweisen, einschließlich einem Liebeskummer, der ihm nicht nur das Herz zerrissen, sondern ihn tatsächlich umgebracht hat.

Dabei ist der Kreuzestod von Jesus mehr als eine zur Katastrophe ausgewachsene Zuspitzung seines Liebeskummers.

Sie sind geliebt, erwählt, berufen und für immer gewollt.

Keinen größeren Liebesbeweis hätte er erbringen können, als freiwillig an unserer statt für uns zum Heil den Sühnetod zu sterben. Um im Bild einer Eheschließung im alten Israel zu bleiben: Am Kreuz hat Jesus den Brautpreis für uns bezahlt.

Der Brautpreis ist bezahlt

Der Vater hat die Braut ausgewählt. Das Hochzeitsversprechen ist gegeben. Braut und Bräutigam sind miteinander verlobt. Es bleibt die Frage nach dem Brautpreis. Bei nicht wenigen Hochzeitsplanungen ist sie es, die angesichts einer zu hohen Forderung manche Beziehung gar nicht zustande kommen lässt.

Es ist alles bezahlt.

Tatsächlich, auch in unserem Fall ist der Brautpreis unbezahlbar hoch. Alle Hoffnungen auf ein Zusammenkommen von Braut und Bräutigam und ein Zustandekommen der Hochzeit müssen nach menschlichem Ermessen daran zerbrechen. Da übernimmt der Bräutigam selbst die Verantwortung und lässt uns wissen: Es ist alles bezahlt. Am Kreuz hat Jesus den Brautpreis beglichen.

Jetzt ist es der Braut

»gegeben, sich anzutun mit schönem reinem Leinen. Das Leinen aber ist die Gerechtigkeit der Heiligen.«

Offenbarung 19,8

Bereit sein

Die Liebeserklärung ist gemacht, das *Ja* gegeben und der Brautpreis bezahlt. Im alten Israel hatte nun der Bräutigam die Aufgabe, das gemeinsame Haus fertigzustellen, damit die Hochzeit kommen konnte. Hier allerdings wird der moderne Leser vor eine weitere Herausforderung gestellt, indem die Festlegung des Hochzeitstermins alleinige Sache des Vaters war. Und nicht nur das. Niemand außer dem Vater kannte den Hochzeitstermin, nicht einmal das Hochzeitspaar. Allein der Vater hatte das Recht, festzulegen und zu wissen, wann die Party steigen und der Bräutigam die Braut zu sich holen sollte. Dies konnte bereits am nächsten Tag geschehen, in der folgenden Woche, einen Monat später oder vielleicht wie bei Jakob und seinem Schwiegervater Laban auch erst nach sieben Jahren. Dass Laban dann die ältere Schwester der vereinbarten Braut hinter dem Brautschleier versteckt hat, und Jakob dafür zum Trost gleich eine Woche später nochmals heiraten durfte, soll uns hier nicht weiter beschäftigen. Doch ich persönlich kann eine gewisse Dankbarkeit darüber nicht verhehlen, dass bei uns vor zehn Jahren manches anders gelaufen ist und meine Frau auch keine Schwester hat.

Wie dem auch sei: Sehen wir einmal von derartigen Sonderfällen ab, stand die Braut im alten Israel immer noch vor der einen unglaublichen Herausforderung: Sie musste stets bereit sein. Man mag es sich ausmalen: Eine Hochzeitsplanung ohne Kenntnis des Hochzeitstermins birgt doch gewisse Anstrengungen. Denken wir nur an das Brautkleid, von dem jede Frau schon im zarten Kindesalter zu träumen beginnt. Laufend müsste sie danach schauen, ob das Kleid nicht inzwischen eingestaubt ist. Laufend hätte das Paar zu prüfen, ob das Restaurant auch wirklich frei ist, der Pfarrer noch einen Termin hat und in der Kirche nicht zufällig gerade im entscheidenden Moment eine andere Feier stattfindet.

Wieder lässt sich die Parallele ziehen: Jesus Christus hat sich uns als Bräutigam versprochen. Am Kreuz bezahlte er den Brautpreis. Jetzt ist er dabei, unsere himmlische Wohnung vorzubereiten. Dann wird er wiederkommen, um uns zu sich zu holen:

> »In meines Vaters Hause sind viele Wohnungen [...]. Und wenn ich hingehe, euch die Stätte zu bereiten, will ich wiederkommen und euch zu mir nehmen, damit ihr seid, wo ich bin.«
>
> Johannes 14,2f

Einziger Haken auch hier: Weder Jesus noch wir wissen, wann das sein wird.

> »Von dem Tage aber und der Stunde weiß niemand, auch die Engel im Himmel nicht, auch der Sohn nicht, sondern allein der Vater. Seht euch vor, wachet! Denn ihr wisst nicht, wann die Zeit da ist.«
>
> Markus 13,32f

Die Konsequenzen liegen auf der Hand: Unsere Bereitschaft ist gefragt. Sind wir bereit, oder ist unser Brautkleid verstaubt? Sind wir bereit, oder ist mit dem Gleichnis von den zehn Jungfrauen unser Öl alle, sodass wir gar nicht eingelassen werden (Matthäus 25,1-13)?

Bereit sein ist schwer. Die zehn Jungfrauen im Gleichnis von Jesus sind alle eingeschlafen; auch diejenigen, die noch Einlass bekommen haben. Fünf waren bereit, weil sie sich im Gegensatz zu den anderen fünf rechtzeitig mit Öl eingedeckt haben. Sie waren auf die Ankunft des Bräutigams mit ausreichendem Öl vorbereitet.

Wie wir bereit sein können? Im Gleichnis entscheidet sich die Frage der Bereitschaft am Öl, das bis zum Festbeginn ausreicht. Dieses ausreichende Öl ist ein Sinnbild für unseren gelebten Glauben in der Nachfolge von Jesus. Klug und damit vorbereitet ist, wer im Vertrauen auf Jesus Christus und im Gehorsam gegenüber seinem Wort lebt. Als töricht erscheint, wer einmal begonnen hat, Schritte des Glaubens zu gehen, es aber, weshalb auch immer, wieder sein ließ. Als töricht steht da, bei wem der Glaube eingeschlafen ist und wer nach einem mutigen Anfang aufgehört hat, Jesus im Hören und Tun nachzufolgen.

Sind Sie bereit? Brennt Ihre Glaubensflamme oder ist sie am Verlöschen? Wie würde Jesus Sie antreffen, wenn er heute oder in den nächsten Tagen käme? Zeugt unser Leben mit allem Reden und Tun von unserem Warten auf Jesus und von unserer Bereitschaft und Vorfreude auf seine Wiederkunft zur großen Hochzeit? Oder leben wir, wie es jener Vater in der folgenden Anekdote seinem Sohn zugesteht?

Der Sohn feiert seinen 18. Geburtstag. Gleich am Morgen gratuliert ihm der Vater mit den Worten: »Herzlichen Glückwunsch zum 18. Geburtstag, mein Sohn. Jetzt kannst du bis zu deiner Hochzeit tun und lassen, was du willst!«

Sehen wir einmal von der eigentlichen ehekritischen Pointe der Anekdote ab und lenken den Blick auf die Zeit vor der Hochzeit, also auf das, was der Vater hier mit »tun und lassen, was du willst« beschreibt. Dies hieße übertragen: Die Verlobung steht. Der Bräutigam Jesus Christus bereitet die himmlische Wohnung vor. Und die Braut – die die Verlobung ja schließlich in der Tasche hat – »lässt noch einmal so richtig die Sau raus«, eben nach dem Motto: »Jetzt kannst du bis zu deiner Hochzeit tun und lassen, was du willst!« Die Reaktion des Bräutigams ist absehbar, nicht nur menschlich. In einer früheren Reaktion auf ein ähnlich schwieriges Verhalten Israels kündigt Gott seinem Volk durch den Propheten Amos an:

> »Aus allen Geschlechtern auf Erden habe ich allein euch erkannt, darum will ich auch an euch heimsuchen all eure Sünde.«
>
> Amos 3,2

Von Gott erkannt zu sein, erwählt und einzigartig berufen, entbindet nicht von einem dieser Beziehung entsprechenden Leben. Im Gegenteil: Von Gott erkannt und zu einer innigen Beziehung mit ihm berufen zu sein, verpflichtet geradezu. Achten wir auf das die beiden Sätze miteinander verbindende *»Darum«*. Gerade *weil* Israel von Gott erwählt und erkannt wurde, nimmt Gott Israel auch so ernst. Erwählung verpflichtet.

Über unserem Leben steht Gottes großes Verlobungsversprechen und unser Bräutigam Jesus Christus arbeitet nach allem, was er eh schon für uns getan hat, gegenwärtig weiter daran, dass wir bald ewig mit ihm zusammen sein können. Und wir? Lässt unser Leben erkennen, dass wir verlobt sind, oder liebäugeln und flirten wir mit allem Möglichen? Sind wir unserem Bräutigam treu, während er zur Vorbereitung unserer himmlischen Wohnungen abwesend ist bzw. nicht sichtbar unter uns sein kann? Oder denken, reden und handeln wir, als ob es diese Verlobung gar nicht geben würde? Man mag es sich vorstellen: Zwei Menschen sind

Erwählung verpflichtet.

miteinander verlobt, wohnen aber noch in großer räumlicher Distanz und sehen sich deshalb nur alle paar Wochen. Trotzdem werden sie doch die Zeit dazwischen nicht mit anderen Rendezvous füllen, sondern vielmehr Veranstaltungen, Aktionen oder Worte meiden, die ihre Beziehung infrage stellen. Stattdessen werden sie positiv, auch und gerade angesichts der räumlichen Distanz, in ihre Beziehung investieren und die gemeinsame Zukunft vorbereiten. Sie schöpfen alle Möglichkeiten der medialen Welt zur Kontaktaufnahme aus und gestalten voller Liebe und Kreativität die ihnen zusammen geschenkte Zeit. So staunt meine Ehefrau noch heute, was in der Werbungsphase mit ihrem damaligen Freund und heutigen Ehemann alles möglich war: die Fülle an handgeschriebenen Briefen; stundenlange Spaziergänge mit tiefen, einfühlsamen Gesprächen und gemeinsamen Visionen für die Zukunft; zweistimmige Lieder und Tanzeinlagen, dass die Vögel noch heute ein Lied davon singen und man gelegentlich das Schönbuchwild beim Walzer beobachten kann. Ja, damals ..., heute arbeiten wir daran ...

Und nun haben wir einen himmlischen Bräutigam und die Aussicht auf ein ewiges Zusammensein. Wird das in unserem Leben deutlich? Wie gestalten wir unseren Alltag als Jesus-Verlobte? Suchen wir die besondere gemeinsame Zeit mit Jesus? Wollen wir als Jesus-Verlobte unserem Bräutigam gefallen und ihm Freude bereiten, wie dies zwei sich liebende Menschen selbstverständlich und voller Sehnsucht tun? Ringen wir als Jesus-Verlobte darum – wohl angefochten und doch in der Kraft des Heiligen Geistes –, auf Worte und Taten zu verzichten, für die Jesus am Kreuz den Sühnetod sterben musste?

All das gelingt uns nicht alleine. Dieser Illusion brauchen wir uns gar nicht hinzugeben. Jesus hat es auch nicht getan. Deshalb sandte er uns seinen Heiligen Geist. Hier ist Kraft und Hilfe. Aus seiner Liebe dürfen wir schöpfen, sie genießen und von ihrer Fülle überströmen. Gehalten werden wir von Gottes Gnade. Wie zwei Menschen aus der Vergebung leben, bleibt auch unsere Jesus-Beziehung auf seine Vergebung angewiesen. Dankbar können wir über die Gnade und Treue von Jesus, an der er festhält, auch wenn wir versagen, nur staunen:

»Sind wir untreu, so bleibt er doch treu.«

2. Timotheus 2,13

Sind wir bereit für das Kommen unseres Bräutigams? Am Schluss dieses Kapitels soll uns noch eine Frage beschäftigen: Ob die fünf törichten Jungfrauen sich aufgemacht hätten, um Öl zu besorgen, wenn sie am Abend vorher jemand darauf aufmerksam gemacht hätte, dass sie Öl benötigen werden? Wir wissen es nicht. Gerade deshalb aber ist es unser Amt, einander aufmerksam zu machen und zum Glauben zu ermutigen. Gerade weil wir nicht wissen, wie Menschen zum Glauben finden und sich in die Nachfolge rufen lassen, sind wir verpflichtet, aufeinander achtzuhaben, dass nicht jemandes Öl zur Neige geht.

Unsere eigene Bereitschaft für das Kommen des Bräutigams entlässt uns nicht aus der Fürsorgepflicht für unsere Mitmenschen. Alle miteinander sind wir darauf angewiesen, voneinander im Glauben bestärkt und ermutigt zu werden. So werden und bleiben wir bereit für die Wiederkunft unseres Herrn und für die himmlische Hochzeit mit unserem Bräutigam zum Beginn seiner Ewigkeit mit uns.

> Habt aufeinander acht, dass nicht jemandes Öl zur Neige geht.

»Darum wachet! Denn ihr wisst weder Tag noch Stunde.«

Matthäus 25,13

9. Das Jüngste Gericht

Kaum ein Thema fordert mehr heraus als das Jüngste Gericht, Gottes umfassendes Gericht zum Ende der Zeiten.

Auf der einen Seite begegnet einem jener Grundtenor liberaler Theologie: Das Gericht hat auf Golgatha stattgefunden. Jesus hat das Gericht auf sich genommen. Mehr braucht es nicht und mehr gibt es nicht. Gottes Liebe macht es unnötig, weiterhin von seinem Zorn oder gar von einem zukünftigen Gericht zu sprechen.

Auf der anderen Seite erlebe ich die harsche Kritik gegenüber jenen Verkündigern, die nur noch von der Liebe Gottes sprechen und sein Gericht dabei ausblenden, als nicht weniger problematisch. Bei aller grundsätzlichen inhaltlichen Berechtigung jener Kritik angesichts der klaren biblischen Bezeugung eines zukünftigen Gerichts, werde ich oft den Eindruck nicht los, dass die lautstarke Forderung nach einer deutlichen Gerichtspredigt nur die Ohren der anderen im Blick hat. Entsprechend wird dann auch jede Predigt des zukünftigen Gerichts nur mit den Ohren der anderen gehört, anstatt mit den eigenen: »Die anderen müssen hören, dass sie einmal gerichtet werden. Den anderen muss gesagt werden, dass sie im Gericht verloren gehen, wenn sie nicht umkehren und Buße tun.«

Wie hören wir die Predigt vom Jüngsten Gericht? Was geht dieses Jüngste Gericht uns alle miteinander an? Worum geht es?

Zunächst halten wir wider jenen Grundtenor liberaler Theologie fest: Die Bibel weiß sehr wohl von einem noch vor uns liegenden Jüngsten Gericht, in dem über unser Leben geurteilt wird und in dem gerichtet wird, was in der Ewigkeit keinen Platz mehr hat (vgl. 1. Thessalonicher 1,10; Römer 2,16; Hebräer 6,2). Der Apostel Paulus bringt es in 2. Korinther 5,10 auf den Punkt:

»Wir müssen alle offenbar werden vor dem Richterstuhl Christi, damit jeder seinen Lohn empfange für das, was er getan hat bei Lebzeiten, es sei gut oder böse.«

Offenbar werden

Ohne Moos nichts los, denkt sich der Student und bewirbt sich deshalb für die Semesterferien um einen Ferienjob. Eine Zusage bekommt er lediglich vom Tierpark. Am ersten Arbeitstag erklärt ihm der Wärter: »Unser einziger Gorilla ist gestorben und wir können uns einfach keinen neuen Gorilla leisten. Ihr Job wäre es deshalb, sich bitte als Gorilla zu verkleiden und hier einen auf Gorilla zu machen.« Dem Student ist die Sache natürlich etwas peinlich, aber weil er die Kohle braucht und ihn unter der Maske ja auch keiner erkennt, willigt er ein. Von Tag zu Tag entwickelt er immer mehr Begeisterung für seine Rolle. Schließlich schaukelt er eines Tages so schwungvoll an seiner Liane, dass es ihn in hohem Bogen in den benachbarten Löwenkäfig schleudert. Schon spürt er den heißen Atem des Löwen in seinem Nacken und schreit um Hilfe, was das Zeug hält, – als der Löwe ihn plötzlich anschnauzt: »Halt den Mund, du Kasper. Oder willst du, dass wir beide unseren Job verlieren?«

Offenbar werden – vor uns selbst, vor unseren Mitmenschen und vor Gott, das müssen wir im Gericht. Paulus erinnert uns daran. Vor dem Richterstuhl Christi werden Masken fallen und es wird zutage treten, was wir uns und anderen vorgemacht haben. Es wird offenbar werden, was hinter unseren Masken steckt und was wir zeitlebens zu verstecken versucht haben. Es wird offensichtlich werden, wer wir sind, worauf wir unser Leben aufgebaut und wofür wir gelebt haben.

»An dem Tag, an dem Gott das Verborgene der Menschen durch Christus Jesus richten wird«,

Römer 2,16

müssen wir alle offenbar werden.

Doch warum eigentlich erst im Jüngsten Gericht? Warum eigentlich erst an jenem Tag? Weshalb sollen wir uns so lange gedulden und darauf warten, offenbar werden zu dürfen? Warum sollen wir so lange unwahrhaftig weiterleben und uns ahnungslos stellen? Warum soll unser Leben nicht schon jetzt wahrhaftig werden? Für den Evangelisten Johannes ist dies von so entscheidender Bedeutung, dass er uns als einziger Evangelist jene Worte von Jesus überliefert, nach denen zwar noch nicht das Jüngste Gericht vorweggenommen werden kann, aber dessen Entscheidung. Die Entscheidung des Jüngsten Gerichts kann schon heute fallen, hier und jetzt.

Vor dem Richterstuhl Christi werden Masken fallen.

Jesus Christus spricht: »Wahrlich, wahrlich, ich sage euch: Wer mein Wort hört und glaubt dem, der mich gesandt hat, der hat das ewige Leben und kommt nicht in das Gericht, sondern er ist vom Tode zum Leben hindurchgedrungen.«

Johannes 5,24

»Wer glaubt, der hat« haben wir schon oben festgehalten. Weil Jesus Christus die Wahrheit ist (Johannes 14,6), werden wir im Glauben an Jesus Christus schon heute mit ihm wahrhaftig.

Es ist, als ob wir gar nicht mehr ins Jüngste Gericht müssten. Unser »offenbar werden« ist im Glauben an Jesus Christus vorweggenommen, ebenso wie Gottes Entscheidung über seinen Umgang mit dem Offenbarten.

Ich darf offenbar werden. Ich muss keine Masken mehr tragen, weil Jesus alles getragen hat, was ich verbergen wollte.

Masken zu tragen, kann zum Lebensstil werden. Man gibt sich glücklich, während ein für alle verborgener Schmerz zutiefst wehtut.

Weil Jesus Christus die Wahrheit ist, werden wir im Glauben an ihn wahrhaftig.

Man unternimmt alles, um kompetent, sicher und souverän den Aufgaben gewachsen zu wirken, und zerbricht doch fast an der Überforderung in der Ausbildung, im Beruf, als Eltern, im Ehrenamt und in manch anderen Lebensbereichen.

Singles unterschiedlichen Alters wünschen sich einen Partner und es ist ihnen doch unmöglich, darüber zu reden. Man will ja schließlich keine emotionale Schwäche zeigen.

Ehepaare geben vor, eine harmonische Ehe zu führen, während in Wirklichkeit dort, wo das Herz schlagen sollte, ein großes Loch klafft.

Nach außen wirkt alles in bester Ordnung. Nur das Gewissen erinnert einen ständig an eine Sünde, die auf uns lastet.

Die Beispiele ließen sich fortsetzen, oder? Masken tragen: Was an den Faschingstagen ein Spiel ist, das ist in der Realität eine große Not. Die Maske abnehmen und die Karten auf den Tisch legen wäre peinlich. Vielleicht wäre sogar die familiäre oder berufliche Existenz gefährdet. Die Maske allerdings aufzulassen, bringt einen mit dem Maskenwitz über kurz oder lang in den Löwenkäfig, wo die Maske fällt oder man unter ihr zerbricht.

Ich muss keine Masken mehr tragen, weil Jesus alles getragen hat, was ich verbergen wollte.

Der Evangelist Johannes will uns eine Alternative aufzeigen. Er hebt nicht nur mahnend den Zeigefinger, endlich unsere Masken abzulegen. Er gibt uns auch eine echte Alternative an die Hand: das Jüngste Gericht und den Glauben an Jesus Christus. Jesus Christus hat alles für uns getragen, auf dass wir keine Masken mehr tragen müssen, sondern mit ihm wahrhaftig werden dürfen.

Das Jüngste Gericht ist kein Ort der Angst, sondern der Freiheit.

Dazu will uns das Jüngste Gericht verhelfen, in jedem Fall zum Anbruch von Gottes Ewigkeit mit einem neuen Himmel und einer neuen Erde oder aber in der Vorwegnahme seiner Entscheidung schon heute im Glauben an Jesus Christus.

Weil Jesus alles für mich getragen hat, was ich gerne hinter Masken verbergen würde, darf ich Jesus schon heute meine Masken übergeben und vor ihm offenbar werden.

So ist das Jüngste Gericht kein Ort der Angst, sondern der Freiheit.

Anstatt laufend damit beschäftigt zu sein, mein unwahrhaftiges Image zu pflegen, darf ich aus der Gnade dessen, der alles für mich getragen hat, schon heute wahrhaftig und frei werden.

Der Richterstuhl Christi

Seinen zeitlichen Ort hat das Jüngste Gericht vor dem Anbruch von Gottes Ewigkeit mit einem neuen Himmel und einer neuen Erde[7]. Ein Mensch kommt also nicht sofort mit dem Einritt seines Todes in jenes Jüngste Gericht. Vor dem Richterstuhl Christi haben wir mit der ganzen Menschheit im Zusammenhang des Weltendes zu erscheinen. Was dann nicht schon im Glauben offenbar geworden ist, wird spätestens jetzt offenbar. Ich werde offenbar.

Dies geschieht auf zweifache Weise. Richtig wäre es, beim Jüngsten Gericht von einem doppelten Gericht zu sprechen. Von einem Gericht des Menschen nach seinen Werken und von einem Gericht der Werke selbst.

Das Gericht des Menschen nach seinen Werken

> »Und ich sah die Toten, Groß und Klein, stehen vor dem Thron, und Bücher wurden aufgetan. Und ein andres Buch wurde aufgetan, welches ist das Buch des Lebens. Und die Toten wurden gerichtet nach dem, was in den Büchern geschrieben steht, nach ihren Werken.«
>
> Offenbarung 20,12

Johannes sieht unser aller »Offenbarwerden vor dem Richterstuhl Christi« und verfolgt schon kurz nach der Zeitenwende visionär mit, wie wir einmal nach unseren Werken gerichtet werden. Unsere Werke sind in Gottes Büchern dokumentiert und festgehalten. Sie werden an jenem Tag des Gerichts zugrunde gelegt werden. An ihnen soll sich der Ausgang des Gerichts und damit unser Eingang in Gottes Ewigkeit entscheiden. So kam es zu manch volkstümlichen Irrungen und Wirrungen, wie der des kleinen Jacob:

»Was ist eigentlich ein Heiligenschein?«, will der kleine Jacob wissen. Sein Bruder klärt ihn auf: »Den bekommst du, wenn du alte Omas über die Straße führst oder andere gute Taten vollbringst.« »Und was macht man mit einem Heiligenschein?« »Nun, wenn du gestorben bist, musst du den an der Himmelspforte vorzeigen. Da steht dann einer und kontrolliert, ob du hineindarfst, mit den Worten: »Bitte zeigen Sie mal Ihren Heiligenschein.«

Der Heiligenschein als ein Ergebnis guter Werke und ein Passierschein zum Himmel? Was volkstümlich mit einem Schmunzeln gerne so beschrieben wird, trifft die Sache dann doch nicht ganz. Nach Offenbarung 20 spielen unsere Werke eine entscheidende Rolle, nur dass sie nicht bringen, was wir ihnen gerne zugestehen würden. Schlimmer noch: Unsere guten Werke sind nicht in der Lage, unsere schlechten Werke ungeschehen zu machen und unsere wesensmäßige Sündhaftigkeit auszugleichen. Im Gegenteil: Jede noch so kleine Sünde erübrigt jedes gute Werk, weil Gott mit Sünde schlichtweg nicht zusammenleben kann. Sünde verschließt die Tür zum Paradies, unabhängig von einer möglichen Fülle an guten Werken. So führen gute Werke weder zu einem Heiligenschein noch bringen sie uns in den Himmel.

In jenem Gericht des Menschen nach seinen Werken, wie es Johannes zu Gesicht bekommt und es uns in Offenbarung 20,11-15 überliefert, gibt es deshalb nur ein Ergebnis – mit den Worten des Apostels Paulus:

> »Da ist keiner, der gerecht ist, auch nicht einer. Da ist keiner, der verständig ist; da ist keiner, der nach Gott fragt. Sie sind alle abgewichen und allesamt verdorben. Da ist keiner, der Gutes tut, auch nicht einer.«
>
> Römer 3,10-12; vgl. Psalm 14,1-3

Auf dem Hintergrund unseres »aufgeklärten« Welt- und Menschenbilds, das mit dem großen Philosophen der Aufklärung Jean-Jacques Rousseau einmütig davon ausgeht, dass der Mensch von Natur aus gut ist, wird der Apostel Paulus nicht selten mit dem Vorwurf konfrontiert, die Dinge etwas schwarz-weiß zu sehen. Tatsächlich sollte man ihm diesen Vorwurf nicht machen, denkt Paulus doch nicht nur schwarz-weiß, sondern zutiefst rabenschwarz über unser natürliches Menschsein:

> »Da ist keiner, der gerecht ist [...]. Sie sind allesamt Sünder und ermangeln des Ruhmes, den sie bei Gott haben sollten.«
>
> Römer 3,10.23

Beim Blick auf unser Menschsein ist für Paulus das Jüngste Gericht entschieden. Hier ist nichts, aber auch gar nichts, was mich für Gottes Ewigkeit qualifiziert. Keiner von uns hat nur annähernd etwas zu bieten, was der Gerechtigkeit Gottes entspricht. Das Ergebnis des Jüngsten Gerichts muss zwangsläufig für jeden die Verurteilung zum zweiten Tod und damit den Wurf in den feurigen Pfuhl mit sich bringen (Offenbarung 20,14f) – wäre da nicht Jesus.

Sein Heilswerk am Kreuz lässt Paulus aufatmen, und nicht nur ihn. Dankbar kann er angesichts dieses Wunders nur staunen und feststellen:

> »[Wir] werden ohne Verdienst gerecht, aus seiner Gnade durch die Erlösung, die durch Christus Jesus geschehen ist. [...]
> So halten wir nun dafür, dass der Mensch gerecht wird ohne des Gesetzes Werke, allein durch den Glauben.«
>
> Römer 3,24.28

Der Seher und Evangelist Johannes kann deshalb auch in seinem Evangelium konkreter werden, als er dies in seiner visionären Schilderung des Jüngsten Gerichts in der Offenbarung tut, zum Beispiel in jenem schon zitierten Jesus-Wort:

»Wahrlich, wahrlich, ich sage euch: Wer mein Wort hört und glaubt dem, der mich gesandt hat, der hat das ewige Leben und kommt nicht in das Gericht, sondern er ist vom Tode zum Leben hindurchgedrungen.«

Johannes 5,24

So höre ich einmal im Jüngsten Gericht das Todesurteil. Im Gericht Gottes nach meinen Werken (Offenbarung 20,12f) gibt es keine Alternative. Ich bin des Todes.

Doch dann steht Jesus auf. Alles wird still, während Jesus voller Güte und Barmherzigkeit, voller Wärme und Ehrlichkeit den Moment auskostet, für den er sein ganzes Leben eingesetzt und für den er es gelassen hat. Diese Stille füllt er mit seiner ganzen Liebe und vielleicht mit jenen Worten: »Vater, ich kenne ihn. Er liebt mich. Er hat sein Vertrauen auf mich gesetzt. Ich habe seine Schuld schon am Kreuz getragen. Es ist alles bezahlt. – Willkommen im Himmel.«

So wird es für alle, die an Jesus glauben, im Jüngsten Gericht einmal sein, als ob sie gar nicht in dieses Gericht gemusst hätten. Für diejenigen, die an Jesus glauben, ist schon heute das Gericht nach den Werken entschieden. Mag es auch noch dauern, bis diese Entscheidung in jenem zukünftigen Jüngsten Gericht einmal offenbar wird.

> Im Gericht Gottes nach meinen Werken gibt es keine Alternative. Ich bin des Todes. Doch dann steht Jesus auf …

Es stimmt: Wir haben nichts zu bieten, aber weil Jesus alles zu bieten hat, dürfen Sie schon heute wissen und einmal hören: »Willkommen im Himmel.«

Das Gericht der Werke

Was aber ist nun mit den guten Werken, wenn sie uns weder einen Heiligenschein einbringen noch den Himmel aufschließen? Gerade als Christen wollen wir doch Gutes tun und etwas in dieser Welt bewegen. Und in der Tat wollen das nicht nur wir, sondern auch Gott. Bewusst hat er uns deshalb zu seinem Ebenbild erschaffen.

> »Und Gott sprach: Lasset uns Menschen machen, ein Bild, das uns gleich sei, die da herrschen über die Fische im Meer und über die Vögel unter dem Himmel und über das Vieh und über alle Tiere des Feldes und über alles Gewürm, das auf Erden kriecht.«
>
> 1. Mose 1,26

1. Mose 1,26	*Und Gott sprach:*	
Schöpfungsaussage:	*Lasset uns Menschen machen*	Gott
		↕
↓ Bildaussage:	*ein Bild, das uns gleich sei*	Mensch
		↕
Herrschaftsaussage:	*die da herrschen über …*	Welt

In der Bildaussage in der Mitte verbinden sich die Schöpfungsaussage vom Satzanfang und die abschließende Herrschaftsaussage.[8] Der Mensch ist Bild Gottes, indem er mit seinem »herrschen« in Gottes »machen« einstimmt. Ebenbild Gottes zu sein bedeutet nicht, dass man an uns erkennt, wie Gott aussieht. Als Ebenbild Gottes zeichnet uns jene unglaubliche Würde aus, Verantwortung für Gottes Schöpfung übernehmen zu dürfen. Indem Gott uns zu seinem Ebenbild erschaffen hat, beruft er uns dazu, gemeinsam mit ihm kreativ zu werden und diese Welt zu seiner Ehre zu gestalten.

Entsprechend dieser Würde und dieser Berufung nimmt Gott unser Tun und Lassen ernst. Gott nimmt uns ernst.

Wenn es ihm egal wäre, was wir aus seinem Auftrag zur Verantwortungsübernahme machen, hätte er uns vermutlich besser nicht damit beauftragt. Nun ist es ihm nicht egal. Gott sei Dank. Endlich jemand, der unseren Einsatz wahrnimmt. Wie sehr wünschen wir uns, dass jemand wahrnimmt, was wir tun, – beruflich, daheim als Familienmanagerin und Hausfrau, ehrenamtlich in der Gemeinde – und wie selten kommt etwas zurück. Wir arbeiten, investieren Zeit, Kraft und Liebe und bekommen so oft keine Rückmeldung, geschweige denn ein Lob. Vor allem Mütter, die bewusst auf eine Arbeitsstelle außer Haus verzichten, wissen ein Lied davon zu singen, wenn sich ihre Arbeit zeitweise vor allem um die Verdauung ihrer lieben Kleinen dreht, dass sie etwas in den Magen bekommen und dieses nach ein paar Stunden wieder koordiniert den Weg nach draußen findet. Die Erwartung einer Rückmeldung hält sich zwangsläufig in Grenzen. Wen wundert es, dass die Sehnsucht dabei umso größer wird.

> Entsprechend unserer Berufung zu seinem Ebenbild nimmt Gott unser Tun und Lassen ernst. Gott nimmt uns ernst.

Auch David weiß im wahrsten Sinn des Wortes ein Lied davon zu singen, wenn er in Psalm 3 seine Enttäuschung und seine Fragen über den Weg seines Sohnes Absalom verarbeitet. In seinem Schmerz über die Abwege des Kindes und im Frust scheinbar vergeblicher Liebesmühe schaut David auf Gott. Bei ihm saugt er die Anerkennung für seine Mühe und sein Ringen auf, die ihm menschlich, zumindest was seine Kindererziehung anging, nicht vergönnt war:

»Aber du, Herr, bist der Schild für mich, du bist meine Ehre und hebst mein Haupt empor.«

Psalm 3,4

Wenn wir uns auf den verschiedenen Baustellen unseres Lebens – ob privat oder beruflich oder im Ehrenamt – gelegentlich fragen »Was tue ich hier eigentlich?« und ab und an am liebsten alles hinwerfen würden, dann will uns Gottes Jüngstes Gericht zum Evangelium werden. Was beim ersten Hinhören erschreckend klingt und uns verunsichern mag, ist von Gott als Wertschätzung gedacht. Spätestens im Jüngsten Gericht sollen Sie einmal hören dürfen, wie kostbar und wertvoll Ihr Tun gewesen ist. Der Apostel Paulus spannt unsere Sehnsucht nicht so lange auf die Folter. Genau jene Überzeugung hat er uns schon vor zweitausend Jahren am Schluss seines großen Auferstehungskapitels in unser manchmal frustriertes Herz geschrieben:

»Darum [,weil Jesus Christus auferstanden ist und lebt], [...] seid fest, unerschütterlich und nehmt immer zu in dem Werk des Herrn, weil ihr wisst, dass eure Arbeit nicht vergeblich ist in dem Herrn.«

1. Korinther 15,58

Nicht vergeblich. In der lateinischen Bibelübersetzung heißt es an dieser Stelle »non frustra«; wir werden nicht mehr frustriert sein über all unserem Tun. Was für eine Verheißung angesichts mancherlei Frustrationen bei unserem vielfältigen Einsatz. Unsere Arbeit wird nicht vergeblich sein, die wir im Vertrauen auf Jesus tun, im Hören auf ihn und mit dem Wunsch, ihn dadurch zu ehren.

Dies meint dann nicht nur unsere Mitarbeit in einer Gemeindegruppe. Alles, was wir tun, sollen wir für Jesus tun, ob im Betrieb, beim Lernen auf die nächste Klassenarbeit, beim Wäsche bügeln oder beim Windeln wechseln: alles für Jesus. So ermutigt uns wiederum der Apostel Paulus in jenem Wort, das jährlich über dem Neujahrstag steht und jeweils unser neues Jahr prägen will:

Was wir im Vertrauen auf Jesus tun, im Hören auf ihn und mit dem Wunsch, ihn dadurch zu ehren, wird nicht vergeblich sein.

> »Und alles, was ihr tut mit Worten oder mit Werken, das tut alles im Namen des Herrn Jesus und dankt Gott, dem Vater, durch ihn.«
>
> Kolosser 3,17

Wenn auch sonst keiner Ihren Einsatz wahrnimmt: Gott ganz gewiss. In diesem Sinn zollt auch das Neue Testament unserem Tun einen eminent großen Respekt, wenn es nicht nur von jenem »Gericht nach den Werken« weiß (Offenbarung 20,12f), sondern auch von einem »Gericht der Werke« (1. Korinther 3,11-13). Dieses braucht uns keine Angst bereiten. Im Vertrauen auf Gott will es als Evangelium uns vielmehr der Wertschätzung unseres Gottes vergewissern.

Im vorhin behandelten »Gericht nach den Werken« leben wir allein von der Gnade. In jenem zweiten »Gericht der Werke« werden wir nicht mehr nach bzw. aufgrund unserer Werke gerichtet, sondern unsere Werke selbst werden gerichtet.

Im zweiten Teil des Jüngsten Gerichtes nimmt Gott uns bei unserem Tun ernst. Jetzt sieht Gott sich an, wie wir seiner Würde und seinem Auftrag, sein Ebenbild zu sein, entsprochen haben. Das soll uns ermutigen, kann einen aber natürlich auch erschrecken. Umso besser und umso heilsamer ist es, wenn wir uns früh erschrecken und aufschrecken lassen, und nicht erst eine Korrektur vornehmen wollen, wenn wir unser Leben gelebt haben. Doch zunächst erläutert uns Paulus, wie wir uns dieses Hinsehen Gottes und sein Richten unserer Werke vorzustellen haben:

> »Einen andern Grund kann niemand legen als den, der gelegt ist, welcher ist Jesus Christus. Wenn aber jemand auf den Grund baut Gold, Silber, Edelsteine, Holz, Heu, Stroh, so wird das Werk eines jeden offenbar werden. Der Tag des Gerichts wird's klar machen, denn mit Feuer wird er sich offenbaren. Und von welcher Art eines jeden Werk ist, wird das Feuer erweisen. Wird jemandes Werk bleiben, das er darauf gebaut hat, so wird er Lohn empfangen. Wird aber jemandes Werk verbrennen, so wird er Schaden leiden; er selbst aber wird gerettet werden, doch so wie durchs Feuer hindurch.«
>
> 1. Korinther 3,11-15

Nachdem es im ersten Teil des Gerichts darum ging, was uns in den Himmel zu bringen vermag und was nicht, werden wir jetzt als Christen gefragt, die allein aus der Gnade Gottes und allein im Glauben an Jesus Christus gerettet werden. Jetzt werden wir – mit einer Formulierung von Siegfried Kettling – nicht gefragt, *ob* wir Gottes Kinder sind. Hier werden wir gefragt, *weil* wir Gottes Kinder sind.[9] Jetzt wird beurteilt, was wir als gerettete Christen auf Jesus Christus als Grund und Fundament unseres Lebens aufgebaut haben. In diesem »Gericht der Werke« nimmt Gott uns Christen mit unserem Tun und Lassen ernst. Jetzt sieht sich Gott die Früchte des Glaubens an und all das, was unser Leben hervorgebracht hat.

Dabei werden Früchte zum Vorschein kommen, die nie ein Mensch erahnt hat: Früchte aus dem treuen Gebet vieler Großmütter. Früchte einer Jugend- oder Gemeindearbeit, die jahrelang den Eindruck vergeblicher Liebesmühe erweckt hat. Früchte aus der Fülle an Mutterliebe, die manche Mutter nie direkt zurückerstattet bekommen hat. Früchte des Verkündigungsdienstes, die einem Hauptamtlichen zu Lebzeiten nicht zu sehen vergönnt waren. Hier werden plötzlich Gold, Silber und Edelsteine aufblitzen. Beständiges, auf das Gott sein Reich aufbaut. Wenn wir einmal offenbar werden müssen vor dem Richterstuhl Christi, dann wird offenbar werden, was wir uns zeitlebens zu sehen gewünscht haben. Vielleicht ist da ein Jungscharkind, mit dem der Jungscharleiter Woche für Woche seine Mühe hatte, und das ihm jetzt dankbar davon erzählt, wie diese eine Andacht in ihm bis zur Lebensübergabe an Jesus weitergearbeitet hat. Vielleicht war es auch nicht die Andacht, sondern die Liebe des Jungscharleiters, die dem Kind sonst so oft versagt geblieben ist. Vielleicht begegnen uns vor Gottes Thron Menschen, für die wir unser Leben lang gebetet haben und die, ohne dass es jemals absehbar war, jetzt als Frucht dieser Gebete in der Ewigkeit dabei sind. Vielleicht entdecken wir, wie Menschen über »mehrere Ecken« hinweg ermutigt worden sind, weil wir uns für ein einziges Gespräch mit jemandem Zeit genommen haben und bei diesem ein Wort hängen geblieben ist, das seine Kreise gezogen hat. Vielleicht begegnet uns ein obdachloser Mensch, den wir mit einem Lächeln gegrüßt haben und dem es im wahrsten Sinn des Wortes Ansehen geschenkt hat, dass wir ihn angesehen haben.

Die Verheißung des Apostels Paulus hat Bestand: Was Sie auf dem Grund des Glaubens an Jesus Christus mit Ihrem Reden und Tun bauen, ist nicht vergeblich.

Doch Paulus ist Realist. Eine Menge Holz, Heu und Stroh wird man bei uns Christen auch finden. Wunden werden uns anklaffen, die wir mit unseren verletzenden Worten hinterlassen haben. Wir werden alles Mögliche wiedersehen, das wir zustande gebracht haben und das doch im Feuer verbrennt, weil nur ein frommer Schein oder der Wunsch nach Selbstinszenierung dahinterstand. Eine über mehrere Generationen blühende Jugendarbeit wird vor uns erscheinen, die es jedoch nie gegeben hat, weil sich ein Mensch mit seinen Gaben nicht eingebracht hat, und damit eine Kettenreaktion des Glaubens und der Mitarbeit ausgeblieben ist. Gott möge uns Hauptamtliche davor bewahren, dass wir einmal mit leeren Händen vor ihm stehen, weil entweder unsere Trägheit oder unser Aktionismus ein Leben lang nur Luftblasen produziert hat, aber keine geistlichen Früchte. Vieles mehr werden wir auszuhalten haben, wenn uns das Feuer dieses zweiten Teils des Jüngsten Gerichts der Reihe nach unsere Werke in Nichts auflösen wird.

Leben im Licht des kommenden Tages

Wenn uns das Neue Testament in dieser Deutlichkeit den Blick für das Jüngste Gericht und seine doppelte Zielrichtung schärft, dann legt es sich zwingend nahe, unser Leben bewusster im Licht des Jüngsten Gerichts zu gestalten. Verschiedene Schussfolgerungen ergeben sich:

Zuerst ist eine klare Unterscheidung vonnöten. Wir leben *allein* aus Gottes Gnade, *allein* durch Jesus Christus und sein Heilswerk, *allein* aus dem Hören seiner frohen Botschaft und *allein* durch den Glauben an den dreieinigen Gott. Willkommen im Himmel: dass diese Einladung keine leeren Worte bleiben, sondern Wirklichkeit werden, verdanken wir diesem vierfachen *»allein«*. Dann allerdings sind unsere Werke gefragt, wertgeschätzt und hinterfragt. Leitend für unser Tun soll wohl kaum das »drohende« Jüngste

Gericht sein. Erfüllt von der Liebe, mit der Jesus Christus alles für uns getan hat, können wir nicht anders, als diese Liebe dankbar weiterzugeben. Wer erfahren hat, was Gott für ihn getan hat, oder wer – wie eine Rebe aus der Kraft des Weinstocks – aus der Liebe von Jesus lebt, bringt so gewiss, wie eine Rebe ihre Trauben, geistliche Früchte hervor. Wer sein Leben auf den Grund des Glaubens an Jesus Christus aufgebaut hat, dem wird das Jüngste Gericht zum doppelten Evangelium – für sein Leben und sein Tun. Zur Freiheit hat uns Christus befreit: zur Freiheit von den Werken und dann zur Freiheit zu den Werken.

Zur Freiheit hat uns Christus befreit: zur Freiheit von den Werken und dann zur Freiheit zu den Werken.

Ein Zweites: Wenn Gott uns zum Bau seines Reiches gebrauchen will und uns Früchte verheißen sind, dann stellt sich für jeden Christen die Frage, was er konkret angehen soll. Was ist dran – und zwar von Gott her, also aus dem Blickwinkel dessen, der uns vielfältig begabt hat, uns sendet und unser Tun einmal beurteilt?

Die Missionarin *Lillian Dickson* formulierte es einmal so:

»Das Leben ist wie eine Münze.
Man muss sich entscheiden, wofür man sie einsetzen will,
denn man kann sie nur einmal ausgeben.«

Wofür setze ich mein Leben ein? Wie verbringe ich meine Zeit? Wofür gebe ich mein Geld aus? Von welcher Qualität ist, was ich Tag für Tag auf den Glauben an Jesus Christus aufbaue? Baue ich Holz, Heu oder Stroh, weil das, was ich tue, keinen Bestand hat und schon jetzt verraucht? Oder hat mein Tun einen bleibenden Wert und es werden einmal Gold, Silber und Edelsteine zutage treten? Das Leben ist wie eine Münze. Entscheiden Sie sich und leben Sie Ihre Entscheidungen konsequent. Sie können die Tage Ihres Lebens nur einmal ausgeben.

Schließlich dürfen wir das Jüngste Gericht nicht verschweigen, weder auf den Kanzeln noch im Jugendkreis oder im persönlichen Gespräch. Ganz im Sinne eines »Gnade vor Recht ergehen lassen« muss, wer von der Gnade Gottes redet, auch an sein Recht erinnern. Von der Gnade kann nur reden, wer das Gericht nicht verschweigt. Das Evangelium von der Rechtfertigung des Gottlosen allein aus Glauben und Gottes Gericht des Menschen nach seinen Werken gehören wie die zwei Seiten einer Medaille zusammen. Ohne die Rede vom Jüngsten Gericht wird das Evangelium von der Rechtfertigung des Gottlosen sinnlos. Die frohe Botschaft von der Rettung im Jüngsten Gericht verkümmert. Das teure Blut von Jesus und Gottes kostbare Gnade werden billig und belanglos, genauso wie unsere Würde, Gottes Ebenbild zu sein. Wem Verantwortung übertragen wurde, der muss auch Gelegenheit bekommen, sich zu verantworten. Das lehren uns schon unsere Kinder. Verantwortung übertragen zu bekommen und darauf angesprochen zu werden, ist ein Zeichen von Würde. Wenn wir uns des Evangeliums vom Jüngsten Gericht nicht schämen, entfaltet dieses im »Gericht nach den Werken« und im »Gericht der Werke« seine einzigartige Würde, dass der lebendige Gott seine Geschöpfe ernst nimmt und nach ihnen fragt.

»Das Leben ist wie eine Münze. Man muss sich entscheiden, wofür man sie einsetzen will, denn man kann sie nur einmal ausgeben.« – Lillian Dickson

Vor welchem Gericht fürchten wir uns mehr: vor dem Jüngsten Gericht oder vor dem Gericht der Menschen, wenn wir ihnen gegenüber das Jüngste Gericht erwähnen?

»Furcht ist nicht in der Liebe.«

1. Johannes 4,18

Wer aus Menschenfurcht Gottes Jüngstes Gericht verschweigt, gibt dem Gericht der Menschen eine größere Bedeutung als dem Gericht Gottes. Und wer aus »seelsorgerlichen Gründen« mit dem Gericht Gottes hinter dem Berg hält, verhält sich nicht nur lieblos, sondern gnadenlos, weil dann die Sünde gerechtfertigt wird, anstelle des Sünders. Wer Menschen das Jüngste Gericht verschweigt und ihnen das Evangelium von der Rechtfertigung des Gottlosen vorenthält, behaftet sie bei ihrer Sünde, anstatt sie kraft der Gnade Gottes von ihr zu entlasten.

Wer aus Menschenfurcht Gottes Jüngstes Gericht verschweigt, gibt dem Gericht der Menschen eine größere Bedeutung als dem Gericht Gottes.

Erinnern Sie sich an Ihre letzte Wanderung? Vielleicht erging es Ihnen wie dem jungen Manuel: Zusammen mit seiner Familie verbringt Manuel den Sommerurlaub in den Bergen. Und es regnet und regnet. Tagelang. Sehnsüchtig hoffen alle auf eine Wetterbesserung, um endlich die Wanderstiefel schnüren zu können. Dann ist es so weit. Manuel und sein Vater wagen eine erste Tour. Doch der Weg ist voller Matsch und Schlamm. Je weiter sie durch den aufgeweichten Boden stapfen, umso mehr Dreckklumpen bleiben an den Stiefeln kleben. Als beide Stiefel schließlich nur noch einem großen Lehmklotz gleichen, bleibt Manuel erschöpft stehen: »Ich kann nicht mehr. Meine Füße sind so schwer, dass ich kaum noch vorwärtskomme.« Der Vater dreht sich um, sieht sich das Schlammassel an und meint: »Kein Wunder. Bei dem Dreck, der sich da angesammelt hat, kommt kein Mensch mehr vorwärts. Der Dreck muss weg. Komm, ich helfe dir und dann gehts fröhlich weiter.«

Mit Dreck am Stecken und Schmutz am Schuh gibt es kein Vorwärtskommen mehr. Kraft bleibt auf der Strecke. Stattdessen halten Müdigkeit und Frustration Einzug. Lähmung greift um sich und das Ziel rückt in weite, unerreichbare Ferne.

»Zur Freiheit hat uns Christus befreit!«

Galater 5,1

Begriffen hat Petrus dies wahrscheinlich erst am Ostersonntag, geahnt vielleicht schon, als Jesus ihm am Vorabend seines Todes die Füße waschen will und ihm erklärt:

»Wenn ich dich nicht wasche, so hast du kein Teil an mir.«

Worauf Petrus erwidert:

»Herr, nicht die Füße allein, sondern auch die Hände und das Haupt!«

Johannes 13,8f

Die Fußwaschung nimmt prophetisch vorweg, was der gekreuzigte und auferstandene Jesus Christus uns im Glauben schenkt: Vergebung der Sünden, Freiheit und ewiges Leben.

Weil sie schon heute zur Freiheit beruft, ist die Verkündigung vom Jüngsten Gericht und von der Rechtfertigung des Gottlosen wie die Fußwaschung ein Akt der Nächstenliebe. Vom Jüngsten Gericht zu reden, verbietet es dann geradezu, damit zu drohen. Früchte des Geistes wachsen nicht aus der Angst heraus, sondern auf dem Boden des Glaubens und des Vertrauens. Wer selbst aus der Gnade lebt, wird nicht mehr mit einer höllischen Zukunft drohen. Unsere Verkündigung vom Jüngsten Ge-

Wer selbst aus der Gnade lebt, wird nicht mehr mit einer höllischen Zukunft drohen.

richt reißt den Himmel auf, anstatt das Höllenfeuer anzuheizen. Sie ist Frohbotschaft statt Drohbotschaft. Hier beginnen Menschen, sich auf eine himmlische Zukunft zu freuen und bekommen auch die Kraft, ihre höllische Vergangenheit unter das Kreuz von Jesus Christus zu legen.

Entscheidend ist dann bei jeder Gerichtsverkündigung, dass sie in erster Linie Kreuzespredigt bleibt. Denn nur Dank jenes Gerichts, das Jesus Christus am Kreuz auf sich genommen hat, wird das Jüngste Gericht für alle, die an Jesus Christus glauben, zum Evangelium von der Gnade Gottes.

10. Himmel und Hölle

Spätestens bei diesem Begriffspaar wird die Dringlichkeit ersichtlich, sich damit zu beschäftigen, was uns nach dem Tod erwartet. Der Tod kommt, aber was kommt danach? Tag für Tag kümmern wir uns um alles Mögliche und Unmögliche. Laufend treffen wir Entscheidungen: Wir sondieren und prüfen, welcher Ehepartner zu uns passt, welcher Beruf unseren Gaben und Interessen entspricht, wohin wir in diesem Jahr in den Urlaub fahren, mit wem wir uns am Wochenende treffen und welcher Brotaufstrich es heute beim Frühstück sein darf. Aber die Frage, was uns nach dem Tod erwartet, ob es eine Ewigkeit gibt oder eine nicht endende Hölle, sollte uns gleichgültig sein? Man muss sich wundern, wie viel Kraft und Energie wir Menschen in tagtägliche Entscheidungen stecken, und wie leichtfertig wir verdrängen, dass es jene Alternative geben könnte: »Himmel oder Hölle«. Wenn diese Alternative nach dem Tod auch nur theoretisch denkbar ist, sollte man erwarten, dass sie einen etwas breiteren Raum zugestanden bekommt, als nur zwischen dem gleichnamigen Kinderhüpfspiel und einer Fülle von Himmel-Hölle-Witzen. Auf Verdrängen verstehen wir uns meisterlich. Irritiert von solch einer Lauheit, die sich weder zu einem Ja noch zu einem Nein durchringt, lässt Gott die Gemeinde in Laodizea wissen:

> »Ich kenne deine Werke, dass du weder kalt noch warm bist. Ach, dass du kalt oder warm wärest! Weil du aber lau bist und weder warm noch kalt, werde ich dich ausspeien aus meinem Munde.«
>
> Offenbarung 3,15f

Was hat es mit der Hölle auf sich? Zunächst ist es entscheidend, die Begriffe sauber zu trennen. Hilfreich ist dabei eine urtextnahe Bibelübersetzung, wie zum Beispiel die Elberfelder Bibel. Sie übersetzt die verschiedenen Begriffe des hebräischen alttestamentlichen Urtextes und des griechischen neutestamentlichen Urtextes tatsächlich auch jeweils unterschiedlich.

Das hebräische Alte Testament spricht von der »Scheol«, was so viel wie »Unterwelt« oder »Totenreich« bedeutet. Derselbe Begriff lautet im griechischen Neuen Testament »Hades«. Beides ist noch nicht die Hölle, für die das griechische Neue Testament »Gehenna« gebraucht.[10]

Scheol und Hades oder das Paradies? Was uns erwartet, wenn wir sterben.

Scheol und Hades, Unterwelt und Totenreich, sind im Alten bzw. Neuen Testament als ein und derselbe Ort durchgängig negativ besetzt. Am weitreichendsten und gravierendsten ist die Gottesferne, die Scheol und Hades bestimmt:

> »Die Toten [wörtlich: die Scheol] loben dich nicht, und der Tod rühmt dich nicht, und die in die Grube fahren, warten nicht auf deine Treue.«
>
> Jesaja 38,18

Wer einmal tot ist, hat keine Hoffnung mehr. Im Tod wird nichts mehr von Gott erwartet. Einmal tot, bedeutet einem selbst Gottes Treue nichts mehr. Durch den Eintritt in Scheol und Hades tritt der Mensch aus der Gottesgegenwart heraus. Nichts von alledem, was Gottes Person und Handeln auszeichnet, wird im Totenreich noch ein Begriff sein, theoretisch nicht und erfahrbar schon gar nicht mehr.

Entsprechend ist im Totenreich auch der Lobpreis Gottes verstummt:

> »Die Toten werden dich, Herr, nicht loben, keiner, der hinunterfährt in die Stille.«
>
> Psalm 115,17

Keiner wird im Totenreich mehr singen »Gott ist gegenwärtig, lasset uns anbeten und in Ehrfurcht vor ihn treten.«[11] Die Ehrfurcht vor Gott ist erstorben und die Anbetung Gottes verstummt, weil Gott nicht mehr gegenwärtig ist.

Angesichts von unterschiedlichsten Anfechtungen, die ja als Todesbedrohung angesehen wurden, argumentieren die alttestamentlichen Psalmisten mit dem drohenden Verstummen des Gotteslobes, um Gott zum Eingreifen zu bewegen: Gott, wenn du jetzt nicht eingreifst und vor dem Tod bewahrst, wenn du jetzt nicht aus Todesnot errettest, dann wird man nichts mehr von dir erwarten, geschweige denn dich loben, ja:

Im Totenreich ist die Ehrfurcht vor Gott erstorben und die Anbetung Gottes verstummt, weil Gott nicht mehr gegenwärtig ist.

> »im Tod gedenkt man deiner nicht.«
>
> Psalm 6,6

Wie schon in Kapitel 3 ausgeführt, ordnet der Mensch des Alten Testaments jede Anfechtung durch Krankheit, Rechtsnot, Leid und Schuld als Todeserfahrung ein. Der Prophet Jesaja sieht geradezu mit Erschrecken, wie das

»Totenreich [Scheol] den Schlund weit aufgesperrt und den Rachen aufgetan [hat] ohne Maß, dass hinunterfährt, was da prangt und lärmt [...].«

Jesaja 5,14

Entsprechend sind Scheol und Hades als Ort der Gottesferne auch ein zutiefst qualvoller Ort. Wird der Mensch zeitlebens durch lebensfeindliche Widerfahrnisse wie Krankheit, Rechtsnot, Leid und Schuld »nur« vom Tod bedroht, überkommt ihn mit dem Eintritt des Todes die Totalität all dessen, was dem Leben auch nur in irgendeiner Form widerstrebt. Umgekehrte Zeichen der Hoffnung sind dagegen im Totenreich Fehlanzeige.

Im »Gleichnis vom armen Lazarus« muss der Reiche dies mit Schrecken und Entsetzen am eigenen Leib erfahren:

»Als er nun in der Hölle war [wörtlich: »im Hades« – Luther übersetzt fälschlich mit Hölle], hob er seine Augen auf in seiner Qual und sah Abraham von ferne und Lazarus in seinem Schoß. Und er rief: Vater Abraham, erbarme dich meiner und sende Lazarus, damit er die Spitze seines Fingers ins Wasser tauche und mir die Zunge kühle; denn ich leide Pein in diesen Flammen.
Abraham aber sprach: Gedenke, Sohn, dass du dein Gutes empfangen hast in deinem Leben, Lazarus dagegen hat Böses empfangen; nun wird er hier getröstet, und du wirst gepeinigt. Und überdies besteht zwischen uns und euch eine große Kluft, dass niemand, der von hier zu euch hinüberwill, dorthin kommen kann und auch niemand von dort zu uns herüber.«

Lukas 16,23-26

Wenden wir nun unseren Blick von Scheol und Hades zum Paradies. Lediglich dreimal finden wir im Neuen Testament die Bezeichnung »Paradies«. Der sicherlich bekannteste Beleg steht im Kreuzigungsbericht des Lukas. Dieser überliefert uns ein Gespräch von Jesus mit den beiden anderen Gekreuzigten. An dessen Ende verspricht Jesus jenem, der sich ihm vertrauensvoll zuwendet, noch am selben Tag mit ihm im Paradies zu sein. Jesus und jener Verbrecher scheiden im Sterben aus dieser Welt. Doch anstatt in den Hades hinabzusteigen, führt ihr Weg ins Paradies.

Wer Jesus Christus sein Leben anvertraut und ihn als Brot des Lebens genießt, den trägt er einmal durch den Tod hindurch ins Paradies.

Was sie dort finden, mag auf den ersten Blick überraschen. Auf den zweiten Blick ist es jedoch völlig logisch: Im Paradies finden sie und alle, die »mit Jesus sterben« den Baum des Lebens wieder.

> »Wer überwindet, dem will ich zu essen geben von dem Baum des Lebens, der im Paradies Gottes ist.«
>
> Offenbarung 2,7

Der Baum des Lebens ist im Paradies geblieben. Nur der Mensch wurde nach seinem Sündenfall daraus vertrieben. Als Jesus am Kreuz stirbt, zerreißt der Vorhang des Tempels und in der himmlischen Welt öffnet Gott den Zugang zum Paradies. Wer Jesus Christus sein Leben anvertraut und ihn als Brot des Lebens genießt, den trägt er einmal durch den Tod hindurch ins Paradies. Dort sind wir noch einmal eingeladen:

> »Du darfst essen von allen Bäumen im Garten.«
>
> 1. Mose 2,16

Die Früchte des Lebensbaums werden wir dann nicht mehr links liegen lassen. Sie schenken uns über das Jüngste Gericht hinaus ewiges Leben.

Grundsätzlich sollte mit Spekulationen hinsichtlich eines »Endzeitfahrplans« sehr zurückhaltend umgegangen werden. Die Bibel nennt verschiedene Endzeitereignisse und bleibt doch sehr vorsichtig, insbesondere, wenn es um einen zeitlichen Ablauf geht. Am deutlichsten wird Jesus, wenn er sich und uns eingesteht:

> »Von dem Tage aber und von der Stunde weiß niemand, auch die Engel im Himmel nicht, auch der Sohn nicht, sondern allein der Vater.«
>
> Matthäus 24,36

Direkt vor seiner Himmelfahrt verstärkt Jesus diese Zurückhaltung noch:

> »Es gebührt euch nicht, Zeit oder Stunde zu wissen, die der Vater in seiner Macht bestimmt hat.«
>
> Apostelgeschichte 1,7

Jesus kommt wieder. An uns ist es, vertrauensvoll zu wachen und bereit zu sein. Das soll genügen.

Wenn im Folgenden verschiedene Endzeitereignisse in eine Abfolge gebracht werden, dann bewusst mit aller Vorsicht und Zurückhaltung. Obwohl die Bibel darüber hinaus noch verschiedene andere Ereignisse nennt, werden diese hier nicht aufgeführt. Zu groß ist die Wahrscheinlichkeit, (Fehl-)Spekulationen zu erliegen.

Was sich relativ sicher festhalten lässt: Im Hades finden sich zeitlich begrenzt vom Eintritt des Todes bis zur Auferstehung der Toten und dem Jüngsten Gericht die Seelen der

Hades oder Paradies, Hölle oder Ewigkeit? Eine vorsichtige grafische Darstellung

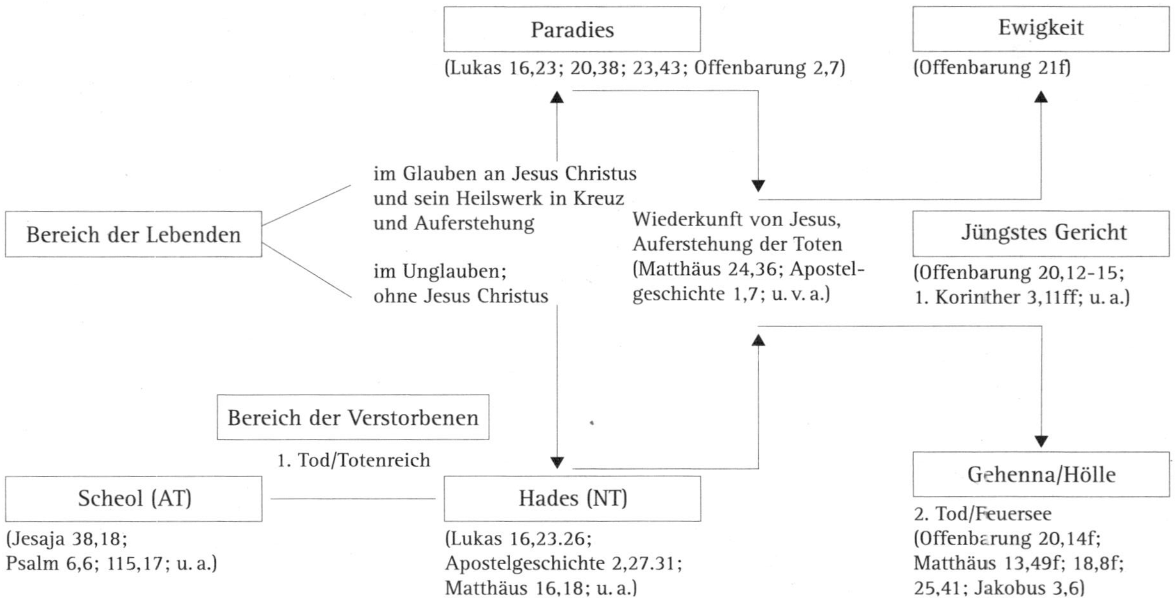

Verstorbenen, und zwar ausschließlich der Gottlosen und Ungerechten (vgl. Lukas 16,23; 1. Petrus 3,19). So wenig Gott seinen Sohn Jesus Christus dem Hades überlassen hat (vgl. Apostelgeschichte 2,27.31), so wenig werden die Pforten des Hades seine Gemeinde und ihre Glieder überwältigen (Matthäus 16,18). Während die Gottlosen sich im Hades wiederfinden, nimmt Jesus Christus diejenigen, die an ihn glauben, mit dem Eintritt ihres Todes ins Paradies auf (vgl. Lukas 23,43; 20,38), das gleichbedeutend ist mit »Abrahams Schoß« (vgl. Lukas 16,23). Wie Jesus Christus selbst, so kommt im Glauben an ihn auch jener Verbrecher neben ihm am Kreuz ins Paradies. Ebenso wird der arme Lazarus im gleichnamigen Gleichnis mit dem Eintritt seines Todes *»von den Engeln in Abrahams Schoß getragen«* (Lukas 16,22), wohingegen sich der Reiche in demselben Gleichnis im Hades wiederfindet.

Sowenig der Hades schon die Hölle ist, sowenig ist das Paradies schon die Ewigkeit. Jeweils beides ist voneinander unterschieden und getrennt durch das Jüngste Gericht. Hades und Paradies bedeuten für die Verstorbenen also jeweils eine Art Zwischenzustand bzw. Zwischenzeit. Trotzdem ist mit dem ersten, dem biologischen Tod und dem Eintritt in den Hades oder ins Paradies auch die Entscheidung über die Zukunft nach dem Jüngsten Gericht bereits gefallen. Im Jüngsten Gericht wird bestätigt und endgültig festgelegt, was schon diesseits des Todes im Glauben oder Unglauben entschieden wurde und mit dem Eintritt des Todes nur seinen Lauf genommen hat. Wer im Glauben an Jesus Christus gestorben und ins Paradies gekommen ist, wird durch das Jüngste Gericht auch nicht mehr in die Hölle verdammt werden. Genauso wenig gibt es umgekehrt noch einen Weg aus dem Hades in das Paradies oder aus dem Hades durch das Jüngste Gericht hindurch in Gottes Ewigkeit. In seinem Gleichnis lässt Jesus dies von Abraham deutlich festhalten:

»Und überdies besteht zwischen uns [Paradies] und euch [Hades] eine große Kluft, dass niemand, der von hier zu euch hinüber will, dorthin kommen kann und auch niemand von dort zu uns herüber.«

Lukas 16,26

Unser Verbleiben jenseits des Todes und jenseits des Jüngsten Gerichts entscheidet sich diesseits des Todes:

Sind wir aber mit Christus gestorben, so glauben wir, dass wir auch mit ihm leben werden.«

Römer 6,8

Als Christen drohen wir nicht mit Hades oder Hölle, sondern laden in der Liebe Gottes ein. Trotzdem dürfen wir nicht verschweigen, welche Konsequenzen unser Glaube oder Unglaube hat.

»Wer den Sohn hat, der hat das Leben; wer den Sohn Gottes nicht hat, der hat das Leben nicht.«

1. Johannes 5,12

Was ist dann aber mit den Menschen, die zur Zeit des Alten Testaments gelebt haben, also Jesus Christus gar nicht kennen konnten, geschweige denn im Glauben an ihn hätten sterben können?

> Im Jüngsten Gericht wird bestätigt und endgültig festgelegt, was schon diesseits des Todes im Glauben oder Unglauben entschieden wurde und mit dem Eintritt des Todes nur seinen Lauf genommen hat.

An dieser einen Stelle mag es in Anlehnung an 1. Petrus 3,19f möglicherweise eine Ausnahme geben, wobei jenes »möglicherweise« dick zu unterstreichen ist.

Christus hat den Toten das Evangelium gepredigt

»In ihm [Gottes Geist] ist er [Jesus Christus] auch hingegangen und hat gepredigt den Geistern im Gefängnis, die einst ungehorsam waren, als Gott harrte und Geduld hatte zur Zeit Noahs, als man die Arche baute, in der wenige, nämlich acht Seelen, gerettet wurden durchs Wasser hindurch. [...] Dazu ist auch den Toten das Evangelium verkündigt, dass sie zwar nach Menschenweise gerichtet werden im Fleisch, aber nach Gottes Weise das Leben haben im Geist.«

1. Petrus 3,19f; 4,6

Kein einfacher Text. Wenn er uns, die wir heute leben, zum »Ruhekissen« für unser eigenes Leben wird, dann haben wir ihn gründlich missverstanden. Wir haben die frohe Botschaft von Jesus Christus gehört und sind berufen, sie heute im Glauben anzunehmen:

»Heute, wenn ihr seine Stimme hören werdet, so verstockt eure Herzen nicht.«

Hebräer 4,7

Die vielen eindeutigen Belege lassen sich gegenüber dieser einen schwierigen Stelle nicht relativieren: Unsere Taufe und unser Glaube an Jesus Christus im diesseitigen Leben verbindet uns mit ihm und trägt uns einmal mit Jesus durch den Tod hindurch ins Paradies. Das Gleichnis vom reichen Mann und dem armen Lazarus (Lukas 16,19-31) spricht zu deutlich gegen eine letzte Chance auf eine Rettung aus dem Totenreich zwischen dem biologischen Tod und dem Jüngsten Gericht. Hier und jetzt fällt unter der Verkündigung des Wortes Gottes die Entscheidung.

Bis zurück in die Tage Noahs konnten die Menschen jedoch Gottes frohe Botschaft von Jesus Christus weder hören noch vom Brot des Lebens genießen, das ihnen den Zugang zum Baum des Lebens im Paradies eröffnet hätte. Der Baum des Lebens wird mitsamt dem Paradies seit dem Sündenfall von Gottes Cherubim bewacht (1. Mose 3,24). Kein Mensch konnte seitdem ins Paradies und zum Baum des Lebens gelangen, bis zu jenem Tag, an dem Gott es wieder durch das Brot des Lebens aufgeschlossen hat.

Jene Petrusworte aus 1. Petrus 3,19f und 4,6 könnten jedoch einen Weg aufzeigen, den Gott in seiner Güte gefunden hat, um auch jene Menschen zu retten, die verstorben sind, bevor Gott seinen Sohn Jesus Christus als Brot des Lebens in diese Welt gesandt hat. Wenn nur der Glaube an Jesus Christus ins Paradies führt und wir uns an den Grundsatz des Apostels Paulus erinnern *»Der Glaube kommt aus der Predigt« (Römer 10,17)*, dann könnte es Sinn machen, Petrus so zu verstehen: Christus hat im Totenreich Gottes Evangelium verkündigt, dass auch die Menschen des Alten Testaments das Leben haben.

Hölle oder Ewigkeit: Der zweite Tod oder das ewige Leben

Wie muss man sich nun die Hölle vorstellen? Man kann nur erwidern: sie ist unvorstellbar. Wie schon bei Hades und Paradies halten sich auch hier – und entsprechend wieder bei der Ewigkeit – die biblischen Aussagen sehr zurück. Mit dem wenigen, das sie obendrein möglicherweise auch nur bildlich kundtun, bleiben sie allerdings so aussagekräftig, dass die Gesamtbotschaft unmissverständlich ist.

Der Versuch, etwas von dem zu erfassen, was es mit der Hölle auf sich hat, wird beim griechischen Begriff »Gehenna« ansetzen. Die neutestamentliche Bezeichnung der endzeitlichen Hölle als *Gehenna* leitet sich vom Hinnom-Tal im Süden Jerusalems ab. In diesem Tal wurden im achten und siebten Jahrhundert vor Christus unter den Königen Ahas und Manasse Kinderopfer dargebracht. Jeremia erhebt im Namen Gottes die Anklage:

> »Denn die Leute von Juda tun, was mir missfällt, spricht der Herr. Sie haben [...] die Höhen des Tofet [Feuerstätte] im Tal Ben-Hinnom gebaut, um ihre Söhne und Töchter zu verbrennen, was ich nie geboten habe und mir nie in den Sinn gekommen ist. Darum siehe, es kommt die Zeit, spricht der Herr, dass man's nicht mehr nennen wird »Tofet« und »Tal Ben-Hinnom«, sondern »Würgetal« [wörtlich: »Tal des Schlachtens«].«
>
> Jeremia 7,30f; vgl. 19,6; 32,35

Als Ort von Kindesopfern verurteilt Gott schon durch den Propheten Jeremia das Hinnom-Tal dazu, einmal zur Stätte zukünftigen Strafgerichts zu werden. In den Jahrhunderten bis zur Zeitenwende wird das Hinnom-Tal (griechisch: Gehenna) vor allem in apokalyptischen Schriften des Frühjudentums als die endzeitliche Feuerhölle identifiziert und lokalisiert, beispielhaft im sogenannten Äthiopischen Henochbuch:

> »Und ich schaute in jener Zeit, wie sich eine gleiche Tiefe öffnete mitten auf der Erde, die voll von Feuer (war), und man brachte jene verblendeten Schafe, und sie wurden alle gerichtet und als Sünder (befunden), und sie wurden in jene Feuertiefe geworfen,und sie brannten.«
>
> Äthiopischer Henoch 90,26; vgl. 4. Esra 7,36;
> Syrischer Baruch 59,10; u.a.

Seitdem bezeichnet *Gehenna* die endzeitliche Hölle. Das Neue Testament knüpft hier an und nimmt weitere Begriffe hinzu: »äußere Finsternis« (Matthäus 8,12), »Feuerofen« (Matthäus 13,50; vgl. Maleachi 3,18f), »ewiges Feuer« (Matthäus 25,41), »feuriger Pfuhl« bzw. »Feuersee« (Offenbarung 20,14f) und »zweiter Tod« (Offenbarung 20,14).

Im Unterschied zur jüdischen Apokalyptik sowie zur mittelalterlichen kirchlichen Praxis verzichten die Evangelien darauf, die Hölle weiter auszumalen. Und das sollten wir ebenso halten. Letztlich wissen wir nicht einmal, ob die verschiedenen Bilder, allen voran vom Feuer, real oder symbolisch bzw. metaphorisch zu verstehen sind. Auch wenn die Flammen »nur« metaphorisch verstanden werden wollen, also im Sinn einer bildhaften Übertragung, lassen sie mitsamt den anderen neutestamentlichen Beschreibungen an bedrängender Deutlichkeit nichts fehlen. Ihre warnende und erschreckend-abschreckende Botschaft muss ebenso ernst genommen werden wie das mehrfache Fazit der Evangelien, dass dort »Heulen und Zähneklappern« herrschen wird (Matthäus 13,49f; Lukas 13,28; u.a.). Bei aller gebotenen Zurückhaltung, die Hölle konkreter auszugestalten oder gar auszuschmücken, sollten wir diese Warnung trotzdem nicht verschweigen.

Was können wir nun aus biblischer Perspektive festhalten?

Während der Hades die verstorbenen Ungerechten bis zum Jüngsten Gericht aufnimmt, werden diese nach dem Jüngsten Gericht mitsamt dem Hades der Hölle übergeben:

> »Dann wird er auch sagen zu denen zur Linken: Geht weg von mir, ihr Verfluchten, in das ewige Feuer, das bereitet ist dem Teufel und seinen Engeln!«
>
> Matthäus 25,41

»Und der Tod und sein Reich wurden geworfen in den feurigen Pfuhl. Das ist der zweite Tod: der feurige Pfuhl. Und wenn jemand nicht gefunden wurde geschrieben in dem Buch des Lebens, der wurde geworfen in den feurigen Pfuhl.«

Offenbarung 20,14f

In die Hölle geworfen zu werden, ist die Konsequenz und ewige Strafe für die Sünde. Hier, in der Hölle des »ewigen Feuers« (Matthäus 18,8f; vgl. 23,33; 25,46), wird die Strafe aufgrund der Verurteilung im vorausgegangenen Jüngsten Gericht vollzogen.

Diese ewige Strafe wird nicht vom Teufel beaufsichtigt oder angeordnet. Er ist nicht der Herr der Hölle, sondern erliegt ihrer ewigen Strafe schlussendlich auch, wenn er mitsamt seinen Engeln und dem Totenreich in den Feuersee der Hölle geworfen wird:

»Und der Teufel, der sie verführte, wurde geworfen in den Pfuhl von Feuer und Schwefel, wo auch das Tier und der falsche Prophet waren; und sie werden gequält werden Tag und Nacht, von Ewigkeit zu Ewigkeit.«

Offenbarung 20,10

Wie auch immer die verschiedenen Bilder und Begriffe zu verstehen sind: Als Christen braucht uns die Hölle nicht zu schrecken. Wachsam bleiben sollen wir dagegen schon: Schließlich droht die Hölle nicht nur als Strafe, sondern auch als Urheber und Provokateur unserer Sünde und Schuld. So ermahnt uns Jakobus am Beispiel unserer Zunge:

> Der Teufel ist nicht der Herr der Hölle, sondern erliegt ihrer ewigen Strafe schlussendlich auch.

»Auch die Zunge ist ein Feuer, eine Welt voll Ungerechtigkeit. So ist die Zunge unter unsern Gliedern: sie befleckt den ganzen Leib und zündet die ganze Welt an und ist selbst von der Hölle entzündet.«

Jakobus 3,6

Die Hölle ist mehr als nur ein Ort zukünftiger, immerwährender Strafe für die Gottlosen. Sie verführt uns auch zur Sünde, die wiederum zur Höllenstrafe führen soll.

Ein Kreislauf des Todes, den nur Gottes Gnade und die Kraft seines Heiligen Geistes zu unterbrechen vermögen.

> Die Hölle ist mehr als nur ein Ort zukünftiger, immerwährender Strafe für die Gottlosen. Sie verführt uns auch zur Sünde, die wiederum zur Höllenstrafe führen soll.

Noch einmal: Als Christen brauchen wir die Hölle nicht zu fürchten. Wir leben im Glauben an Jesus Christus von seiner Gnade. Diese dürfen wir gerade dann erbitten und empfangen, wenn uns die Hölle wieder einmal erfolgreich zur Sünde verführt hat.

Bangen muss, wer nicht im Buch des Lebens steht, weil er Jesus Christus nicht hat, der das Leben ist:

»Und wenn jemand nicht gefunden wurde geschrieben in dem Buch des Lebens, der wurde geworfen in den feurigen Pfuhl.«

Offenbarung 20,15

Konkreteres lässt sich kaum zur Hölle sagen. Das ist auch nicht nötig. Die Aussagekraft der verschiedenen Bilder ist in ihrer Schrecklichkeit und Endgültigkeit eindeutig.

Eine indirekte Schlussfolgerung scheint jedoch möglich zu sein, und diese ist die vielleicht wichtigste. Wenn Ewigkeit ein Ehrentitel Gottes ist und ewiges Leben wesentlich ewige Einheit mit dem dreieinigen Gott bedeutet, dann verrät uns dies indirekt sehr viel über die Hölle. Das Schreckliche an der Hölle ist, dass ihr Gott fehlt. Die Hölle ist über den Hades hinaus die vollkommene und endgültige Gott-*los*-igkeit. Ewiges Leben ist ein Leben in Gott, der allein der Ewige heißt. So durchflutet die Ewigkeit und mit ihr einmal auch uns des ewigen Gottes Heil, Rettung, Hilfe, Freude, Frieden, Glück, Gesundheit, Trost, Zuversicht, Kraft, Liebe. Diese und viele Auszeichnungen Gottes mehr werden unser ewiges Leben erfüllen. In der Hölle werden sie dagegen dauerhaft fehlen, weil Gott nicht dort ist. Was in die Hölle geworfen wird, stirbt in ihr den zweiten Tod.

Wir erinnern uns (siehe Kapitel 3): Im Paradies hätte der Mensch die Möglichkeit gehabt, vom Baum des Lebens zu essen und damit ewig zu leben. Indem er dies nicht nur unterlässt, sondern ungehorsam wird und sich am verbotenen Baum der Erkenntnis vergreift, ist er des Todes. Sein Verweis aus dem Paradies verurteilt ihn dazu, wieder zu Staub zu werden. Kein Weg führt fortan mehr an diesem ersten biologischen Tod vorbei. Kein Weg führt am zweiten, ewigen Tod in der Gottesferne vorbei, wenn es dabei bleibt und der Mensch seine Sünde nicht los wird. So wenig Gott jedoch die Sünde ertragen kann, so wenig hält er es aus, dass sein geliebtes Geschöpf auf ewig verloren geht. Aus Liebe zu uns und aus Sehnsucht nach ewiger Gemeinschaft mit seinem Geschöpf, opfert er am Kreuz seinen Sohn Jesus Christus für unsere Schuld.

> »Die Strafe liegt auf ihm, auf dass wir Frieden hätten,
> und durch seine Wunden sind wir geheilt.«
>
> Jesaja 53,5

Der Baum des Lebens steht für den Menschen unzugänglich im Paradies. Erst das Brot des Lebens, Jesus Christus, schließt uns *»wieder auf die Tür zum schönen Paradeis«*[12]. Dort dürfen wir nach unserem Scheiden aus dieser Welt erneut die Früchte vom Baum des Lebens genießen und nach dem Jüngsten Gericht aus Gnade allein das ewige Leben empfangen. Wer allerdings das Brot des Lebens ausschlägt, wie Adam damals im Paradies den Lebensbaum, wird nicht nur den ersten Tod sterben müssen, sondern auch den zweiten Tod im Feuersee.

Und wo sind unsere Toten jetzt?

Diese Frage bedrängt uns, ob wir am Grab eines lieben Menschen stehen oder darüber nachsinnen, was wäre, wenn ich heute, zum Beispiel an den Folgen eines Unfalls, sterben müsste. Wo wäre ich dann? Wo sind unsere Toten jetzt? Kommen wir direkt ins Jüngste Gericht? Nimmt Gott die Seinen umgehend in seine Ewigkeit auf? Fallen wir in eine Art Dornröschenschlaf bis zur Wiederkunft Christi? Kommen wir ins Paradies? Oder betreten wir einstweilen das Totenreich?

In der Antwort auf diese Frage fließen noch einmal die bisherigen Ergebnisse dieses Kapitels zusammen, weshalb auch eine kurze, aber eindeutige Antwort genügen soll:

Wer seit dem Kreuzestod von Jesus und seit dessen Auferstehung von den Toten gestorben ist und in seinem Leben an Jesus geglaubt hat, den erwartet weder ein »Ganztod« noch ein besonderer Schlaf oder das sofortige Jüngste Gericht, sondern ein Zwischenzustand. Dieser Zwischenzustand wird im Zuge der Wiederkunft von Jesus und dem darauf folgenden Jüngsten Gericht vollendet, entweder zur ewigen Gottesgemeinschaft oder zur ewigen Gottesferne.

Ob ein Mensch jenseits des biologischen Todes, also in diesem Zwischenzustand sowie im Anschluss an das folgende Jüngste Gericht, in ewiger Gottesgemeinschaft leben darf oder in ewiger Gottesferne existieren muss, entscheidet sich daran, ob er schon diesseits des biologischen Todes auf den Sohn Gottes vertraut hat:

> »Wer den Sohn hat, der hat das Leben; wer den Sohn Gottes nicht hat, der hat das Leben nicht.«
>
> 1. Johannes 5,12

Wer sein Leben ohne an Jesus Christus zu glauben abschließt, findet sich im Totenreich wieder, das durch das Jüngste Gericht hindurch einmal dem zweiten Tod übergeben wird (Offenbarung 20,14 u. a.).

»Jetzt darf er schauen, was er geglaubt hat.«

Dagegen trösten wir uns beim Tod eines gläubigen Menschen zurecht mit den Worten: »Jetzt darf er schauen, was er geglaubt hat. Jetzt ist er bei Gott.« Dies zu glauben, ermutigt uns nicht nur Lazarus in Abrahams Schoß (Lukas 16,19ff). Am Kreuz spricht Jesus selbst dieses »Jetzt« und »Heute« dem zum Glauben gekommenen Verbrecher zu, bevor dieser neben Jesus stirbt:

> »Wahrlich, ich sage dir: Heute wirst du mit mir im Paradies sein.«
>
> Lukas 23,43

So sind unsere in Christus verstorbenen Toten jetzt bei Gott im Paradies, wo sie bis zum Jüngsten Gericht nach der Wiederkunft von Jesus sein werden, um schließlich durch das Gericht hindurch in Gottes Ewigkeit aufgenommen zu werden.

11. Ende gut, alles gut? Gibt es eine »Allversöhnung«?

Die Frage nach der Allversöhnung beschäftigt und erhitzt die Gemüter aller Frömmigkeitstraditionen. Mit Recht. Gibt es etwas Größeres und Schöneres, als dass einmal alle Welt gerettet und wieder heil wird? Gibt es etwas Schlimmeres und Schmerzlicheres, als dass Menschen für immer zum zweiten Tod in der Hölle verdammt bleiben; und das durch einen Gott, der, nach dem Zeugnis des Johannes, die Liebe in Person ist?

> »Gott ist die Liebe.«
>
> 1. Johannes 4,8

Angesichts der Tragweite dieser Fragen muss uns das Thema einer möglichen Allversöhnung beschäftigen. Wird Gott einmal über alle Strafen hinaus triumphieren und alle Welt einschließlich des Teufels mit sich versöhnen? Oder bleibt es bei einem doppelten Ausgang des Jüngsten Gerichts in Gottes Ewigkeit bzw. in der Gott-losen Hölle?

An dieser Stelle wird auch deutlich, dass es unterschiedliche Allversöhnungskonzepte gibt. Indem Strömungen einer liberalen Theologie ein zukünftiges Jüngstes Gericht ablehnen, verneinen sie zwangsläufig auch einen doppelten Ausgang desselben. Ihrer Ansicht nach werden sich einmal jenseits des Todes alle Menschen als erlöst vorfinden. Auf diese Allerlösungsvorstellung soll hier angesichts eindeutig anderer biblischer Aussagen nicht weiter eingegangen werden.

Ihr gegenüber gibt es jedoch auch eine Allversöhnungslehre, die nicht nur jenseits des Jüngsten Gerichts, sondern auch jenseits eines doppelten Ausgangs des Gerichts ansetzt. Ihre Vertreter lehren eine Allversöhnung erst nach einer erfolgten Strafe. So wird angenommen, dass Gott einmal alles mit sich versöhnen wird, einschließlich der Hölle und des Teufels und all jener, die nach dem Jüngsten Gericht in die Hölle geworfen wurden.

Bevor wir uns den biblischen Texten zuwenden, soll ein kurzer Blick in die Geschichte die Entwicklung jener Lehre von einer Allversöhnung oder »Wiederbringung aller Dinge«, wie sie auch bezeichnet wird, näher beleuchten.

Die Lehre von der Allversöhnung reicht zurück bis in die frühe Kirchengeschichte und hat diese schon konfliktreich beschäftigt. Der Kirchenvater Origenes (185–254 n. Chr.) ist davon überzeugt, »dass er [Gott] die Lasterhaftigkeit auch in geordneter Weise [einmal] ganz und gar vertilgt, zum Heile des Ganzen«. Dies lehnt der vielleicht bedeutendste Kirchenvater Augustin (354–430 n. Chr.) ab, wenn er an einem endgültigen doppelten Ausgang des Gerichtes festhält. Die Reformatoren schließen sich mit Ausnahme von Martin Bucer sowie der Täuferbewegung mehrheitlich Augustin an, wenn sie im Augsburger Bekenntnis von 1530 lehren,

> »dass unser Herr Jesus Christus am Jüngsten Tag kommen wird zu richten, und alle Toten aufzuerwecken, den Gläubigen und Auserwählten ewiges Leben und ewige Freude zu geben, die gottlosen Menschen aber und die Teufel in die Hölle und zur ewigen Strafe verdammen wird.«[13]

Eine stärkere Verbreitung findet die Allversöhnungslehre erst wieder in der Folge der Aufklärung, beispielhaft bei Kaspar Lavater sowie in der biblischen Reformbewegung des Pietismus. Wenn die beiden auch selbst dem radikalen und separatistischen Pietismus zuzurechnen sind, so formulieren Johann Wilhelm Petersen (1649–1726) und seine

Frau Johanna Eleonara (1644–1724) doch für nicht wenige namhafte Vertreter des Pietismus zwischen dem späten 17. und dem frühen 19. Jahrhundert klassisch:

> Es »ist das ewige Evangelium eine fröliche Bottschaft von der Wiederbringung aller Dinge/da verkündiget wird/wie daß alle Creaturen/sie seyen im Himmel/auff Erden/und unter der Erden/im Meer/und in allen Tieffen/doch eine jegliche in ihrer von GOtt bestimmten Zeit/und Ordnung/nach ergangener Läuterung hie in dieser Zeit/oder in den zukünfftigen aeonen nach rückstelligen Gerichten/auf die allergerechteste Art und Weise des gerechten/und gütigsten GOttes/durch JEsum Christum/den Anfang/und Ende der Creatur/den Wiederbringer aller Dinge/Versöhner und Friedenmacher/von der Sünde und Straffe der Sünden sollen errettet/und in den vorigen Zustand/darinnen sie waren/ehe die Sünde war/und noch in einem bessern/zum Preiß/Ehre und Herrlichkeit des allerheiligsten und allmächtigen Schöpffers versetzet/und wiedergebracht werden.«[14]

Eingang in den Pietismus fand diese Lehre über die englische Spiritualistin Jane Leade. Während das Ehepaar Petersen sich in der Folge von Jane Leade auf biblische Argumente zu berufen versuchte, wurde Jane Leade selbst vor allem durch eine Vision geprägt. Jane Leade sah im Jahr 1686 in einer Vision Adam und Eva neben Christus im Himmel thronen und beobachtete, wie alle ihre Nachkommen dort einzogen. Diese Vision führte sie zu dem Schluss, dass Gottes Liebe auch die Verstocktesten gewinnen und retten wird.

Schauen wir in die Bibel und prüfen wir zunächst, was für einen doppelten Ausgang des Gerichts spricht, was also neben einem ewigen Leben in Gottes Ewigkeit auch eine nicht endende Hölle nahelegt.

Eines der oben noch nicht erwähnten Gerichtsworte aus der Johannesoffenbarung unterstreicht die Endlosigkeit des Gerichtes:

> »Wenn jemand das Tier anbetet und sein Bild und nimmt das Zeichen an seine Stirn oder an seine Hand, der wird von dem Wein des Zornes Gottes trinken, der unvermischt eingeschenkt ist in den Kelch seines Zorns, und er wird gequält werden mit Feuer und Schwefel vor den heiligen Engeln und vor dem Lamm. Und der Rauch von ihrer Qual wird aufsteigen von Ewigkeit zu Ewigkeit; und sie haben keine Ruhe Tag und Nacht, die das Tier anbeten und sein Bild, und wer das Zeichen seines Namens annimmt.«
>
> Offenbarung 14,9-11

»Von Ewigkeit zu Ewigkeit« meint ein unendliches, niemals aufhörendes Geschehen. Die Ankündigung, dass sie Tag und Nacht keine Ruhe finden werden, basiert auf dem Stilmittel eines sogenannten Merismus: Zwei Teile stehen für das Ganze.

Wenn ein junger Mann also einer jungen Frau schreibt: »Tag und Nacht denke ich an dich«, dann weiß der Kenner: Der Typ ist »stockverknallt«. Er denkt nicht nur bei Tag an sie und nicht nur in der Nacht. Er kommt zu überhaupt nichts anderem mehr, weil er immerfort mit seinen Gedanken bei ihr ist.

Ebenso verhält es sich hier: Am Tag kommen die Gequälten ebenso wenig zur Ruhe wie in der Nacht. Doch nicht nur das: Entsprechend der Funktion des Merismus, nach dem zwei Teile für das Ganze stehen, gibt es schlicht überhaupt keine Ruhe mehr in ihrem Leben. Sie werden in einem totalen, alles umfassenden Sinn gequält – und das unaufhörlich und immerfort.

Einen doppelten Ausgang legt neben all jenen Texten, die schon weiter oben zu Wort gekommen sind, auch der Schluss des Jesajabuches nahe:

> »Denn wie der neue Himmel und die neue Erde, die ich mache, vor mir Bestand haben, spricht der Herr, so soll auch euer Geschlecht und Name Bestand haben. Und alles Fleisch wird einen Neumond nach dem andern und einen Sabbat nach dem andern kommen, um vor mir anzubeten, spricht der Herr. Und sie werden hinausgehen und schauen die Leichname derer, die von mir abtrünnig waren; denn ihr Wurm wird nicht sterben, und ihr Feuer wird nicht verlöschen, und sie werden allem Fleisch ein Gräuel sein.«
>
> Jesaja 66,22-24

Jesus zitiert Jesaja und beschreibt die Hölle dabei als einen Ort,

> »wo ihr Wurm nicht stirbt und das Feuer nicht verlöscht.«
>
> Markus 9,48

Wurm und Feuer sind an dieser Stelle Bilder für eine nicht endende Todesstrafe. Ein Wurm stirbt nicht und ein Feuer verlöscht nicht, wenn all das nicht ausgeht, was sie nährt. Ohne die Bilder auszuschmücken wird das eine deutlich: Niemals kommen die Abtrünnigen zur Ruhe. Unaufhörlich werden sie von Wurm und Feuer zerfressen.

Als Grundlage für eine Allversöhnungslehre werden vor allem folgende Bibelstellen ins Feld geführt:

»Ihn [Christus] muss freilich der Himmel aufnehmen bis zu der Zeit, in der alles wiedergebracht wird [wörtlich: bis zu den Zeiten der Wiederherstellung aller Dinge (griechisch: Apoktastasis panton)], wovon Gott geredet hat durch den Mund seiner heiligen Propheten von Anbeginn.«

Apostelgeschichte 3,21

»Wie nun durch die Sünde des Einen die Verdammnis über alle Menschen gekommen ist, so ist auch durch die Gerechtigkeit des Einen für alle Menschen die Rechtfertigung gekommen, die zum Leben führt.«

Römer 5,18

»[Gott] will, dass allen Menschen geholfen werde [wörtlich: dass alle Menschen gerettet werden] und sie zur Erkenntnis der Wahrheit kommen.«

1. Timotheus 2,4

»Denn wie sie in Adam alle sterben, so werden sie in Christus alle lebendig gemacht werden. Ein jeder aber in seiner Ordnung: als Erstling Christus; danach, wenn er kommen wird, die, die Christus angehören; danach das Ende, wenn er das Reich Gott, dem Vater, übergeben wird, nachdem er alle Herrschaft und alle Macht und Gewalt vernichtet hat. Denn er muss herrschen, bis Gott ihm ›alle Feinde unter seine Füße legt‹. Der letzte Feind, der vernichtet wird, ist der Tod. Denn ›alles hat er unter seine Füße getan‹. Wenn es aber heißt, alles sei ihm unterworfen, so ist offenbar, dass der ausgenommen ist, der ihm alles unterworfen hat. Wenn aber alles ihm untertan sein wird, dann wird auch der Sohn selbst untertan sein dem, der ihm alles unterworfen hat, damit Gott sei alles in allem.«

1. Korinther 15,22-28

Was nun?

In seinem Buch »Du gibst mich nicht dem Tode preis« zieht Siegfried Kettling aus der Fülle der Belege für sich das beeindruckende Fazit: »Wir hören die Worte, die ernsthaft auf eine ewige Verdammnis weisen, wir haben sie nicht umzudeuten, sondern ernst zu nehmen. Wir lauschen auch auf die Worte, die von einer universalen Heilsabsicht Gottes künden, wir haben sie weder zu verdrängen, noch zum Universalschlüssel für die Schrift zu verklären. Wir nehmen die Stimme des ›Gesetzes‹, das den ewigen Tod ankündigt, ernst; wir nehmen das Wort des ›Evangeliums‹, das ewiges Heil verheißt, ›froh‹. Mitten darin – zwischen beiden Worten – stehen wir, demütig, wachend, betend, kämpfend.«[15]

Beeindruckend an diesem Ansatz ist das Rechnen mit Gottes Größe und die Bereitschaft, das Thema Gott zu überlassen. Schon Paulus muss einsehen, wie begrenzt unser Wissen ist:

»Denn unser Wissen ist Stückwerk, und unser prophetisches Reden ist Stückwerk.«

1. Korinther 13,9

Voller Respekt vor dieser Zurückhaltung bin ich selbst jedoch etwas skeptischer und meine, dass wir von einem endgültigen doppelten Ausgang des Gerichts auszugehen haben, auch wenn ich es mir anders wünschen würde.

Sehen wir uns noch einmal die genannten Texte an, mit denen eine Allversöhnung begründet wird. Der einzige Text, der meines Erachtens überhaupt die Annahme einer Allversöhnung erlaubt, scheint mir 1. Korinther 15 zu sein:

»[...] damit Gott sei alles in allem.«

1. Korinther 15,28

Dieser Vers könnte dahingehend verstanden werden, dass einmal über alle Strafgerichte hinaus auch die Hölle mit allen, die sie festhält, von Gott mit sich versöhnt wird und Gott sie in seine Ewigkeit hineinholt. Hinein in Gott, der selbst die Ewigkeit ist. Dann wäre Gott alles in allem und es gäbe nichts mehr außerhalb von Gott.

Jeder Text ist in seinem Kontext auszulegen.

Trotzdem bleibt die Frage, ob dieser Vers angesichts seines Textzusammenhangs wirklich richtig verstanden wird, wenn man ihn auf das umfassende Heil aller in der intensiven Gemeinschaft mit Gott hin deutet, also kurz im Sinne einer Allversöhnung.

Geht es in Vers 28 nicht in erster Linie um Gottes Gottheit und seine Alleinherrschaft und weniger um die Frage des Heils für diese Welt oder gar um eine Erlösung der Hölle? Die vorausgehenden Verse handeln davon, dass alle Feinde zuerst dem Gottessohn vor die Füße gelegt und dann vernichtet werden. Am Ende steht gerade nicht die Versöhnung und der Ausgleich der Feinde und des Todes mit Gott, sondern Gottes alleiniger Sieg und die Vernichtung alles Widergöttlichen:

»Denn er [Jesus Christus] muss herrschen, bis Gott ihm ›alle Feinde unter seine Füße legt‹ (Psalm 110,1). Der letzte Feind, der vernichtet wird, ist der Tod.«

1. Korinther 15,25f

Anstatt also 1. Korinther 15,28 aus seinem Kontext herauszulösen und – was dann vielleicht möglich wäre – auf eine Allversöhnung hin zu deuten, muss auch dieser Vers auf seinem textlichen Hintergrund erklärt werden. Entsprechend geht es hier um Gottes Alleinherrschaft und nicht mehr um die Frage, wer noch jenseits von Tod, Gericht und Strafe gerettet wird.

Bei den anderen zitierten Texten wird, sofern sie zur Begründung einer Allversöhnungslehre herangezogen werden, nicht wahrgenommen, dass man zwischen einem allgemeinen Heilswillen Gottes bzw. seinem allgemeinen Heilsangebot einerseits und einer Umsetzung des Heils für alle andererseits unterscheiden muss. Wenn also Paulus an Timotheus schreibt, dass

> »[Gott] will, dass allen Menschen geholfen werde [wörtlich: ›dass alle Menschen gerettet werden‹] und sie zur Erkenntnis der Wahrheit kommen«,
>
> 1. Timotheus 2,4

dann bezeugt er damit Gottes Sehnsucht und seinen Herzenswunsch, alle Menschen mögen gerettet werden und einmal in Gottes Ewigkeit dabei sein. Doch er bezeugt noch lange nicht, dass sie automatisch auch alle gerettet werden. Gott will. Aber bei Gott gibt es keine Zwangsbeglückung. Wer Gottes Heilsangebot nicht annehmen will, muss dies auch nicht. Gottes Gericht ist, wie es Heinzpeter Hempelmann formuliert, »nichts anderes als Dahingabe des Menschen an seinen Willen, ›gottlos zu sein‹«[16]. Gottes Gericht stellt klar und macht offenbar, was der Mensch will.

Ähnlich verhält es sich mit Römer 5,18:

> »Wie nun durch die Sünde des Einen die Verdammnis über alle Menschen gekommen ist, so ist auch durch

die Gerechtigkeit des Einen für alle Menschen die Rechtfertigung gekommen, die zum Leben führt.«

Der gemeinsame Nenner beider Vershälften lautet: Einer für alle. Adams Sünde hat die Sünde über die Menschheit gebracht. Christi Gerechtigkeit bringt Gottes Rechtfertigung für alle. Doch auch hier gilt: Der Kontext darf nicht einfach ausgeklammert werden. Das Thema von Römer 5,12-21 ist nicht die Heilszueignung an den Einzelnen, sondern ein heilsgeschichtlicher Überblick, der die Eingangsverse von Römer 5 vertiefen soll:

Gottes allgemeiner Heilswille bedeutet keine zwangsläufige Allversöhnung.

»Da wir nun gerecht geworden sind durch den Glauben, haben wir Frieden mit Gott durch unsern Herrn Jesus Christus; durch ihn haben wir auch den Zugang im Glauben zu dieser Gnade, in der wir stehen, und rühmen uns der Hoffnung der zukünftigen Herrlichkeit, die Gott geben wird [...].«

Römer 5,1f

Gottes Rechtfertigung in Jesus Christus kommt für alle. Zugang zu dieser Gerechtigkeit Gottes schenkt allein der Glaube.

Bleibt aus der Reihe der genannten Belege noch Apostelgeschichte 3,21: Nur an dieser Stelle finden wir im Neuen Testament den Begriff der »Wiederbringung aller Dinge«, auf griechisch »Apokatastasis panton«, also jenen Fachbegriff für eine Allversöhnungslehre. Auffallend ist allerdings, dass es hier gerade nicht um eine endzeitliche Wiederherstellung eines universalen Heilszustands jenseits aller Strafgerichte geht. Thema dieses Verses und der genannten »Wiederbringung aller Dinge« ist eine vollständige Erfüllung aller alttestamentlich-prophetischen Verheißungen. Deshalb darf dieser einzige Beleg mit dem genannten Fachbegriff auch für keine Allversöhnungslehre herangezogen werden.

Abschließend kann festgehalten werden: Eine persönliche Hoffnung auf eine Allversöhnung bleibt jedem unbenommen. Fragen muss man sich jedoch, weshalb der rote Faden biblischer Aussagen im Alten wie auch im Neuen Testament und vor allem in der Verkündigung von Jesus gerade keine Allversöhnung lehrt, sondern im Gegenteil das Gericht mit einem doppelten Ausgang.

Warum schließt die Offenbarung nicht mit einem Lobpreis der göttlichen »Wiederbringung aller Dinge«, sondern mit der Warnung vor dem zweiten Tod, einschließlich einer Unterscheidung zwischen »drinnen« und »draußen«?

Warum schließt die Offenbarung nicht mit einem Lobpreis der göttlichen »Wiederbringung aller Dinge«, sondern mit der Warnung vor dem zweiten Tod (Offenbarung 21,8), einschließlich einer Unterscheidung zwischen »drinnen« und »draußen« (Offenbarung 22,14f)?

So sprechen diejenigen Texte, die vor einem doppelten Ausgang des Gerichts warnen, eine allzu deutliche Sprache, als dass mit biblischen Argumenten von einer Allversöhnung ausgegangen werden darf.

Tatsächlich hat Gott in Christus die Welt mit sich versöhnt:

> »Denn Gott war in Christus und versöhnte die Welt mit sich selber und rechnete ihnen ihre Sünden nicht zu und hat unter uns aufgerichtet das Wort von der Versöhnung.«
>
> 2. Korinther 5,19

Doch auch diese Versöhnungszusage muss in ihrem Zusammenhang gelesen werden, wenn Paulus daraus die Schlussfolgerung zieht:

> »So sind wir nun Botschafter an Christi statt, denn Gott ermahnt durch uns; so bitten wir nun an Christi statt: Lasst euch versöhnen mit Gott!«
>
> 2. Korinther 5,20

Gott versöhnt in seinem Sohn Jesus Christus die Welt mit sich selbst. Doch dieses Versöhnungswort Gottes muss hinaus in alle Welt, auf dass die Menschen aller Welt sich auch versöhnen lassen. Zum Wort von der Versöhnung muss die persönliche Annahme der Versöhnung kommen. Deshalb wirbt Paulus auch so inständig darum: *»Lasst euch versöhnen mit Gott.«*

Und zwar jetzt, denn

> »Siehe, jetzt ist die Zeit der Gnade, siehe, jetzt ist der Tag des Heils!«
>
> 2. Korinther 6,2

Gott verlängert diese Zeit der Gnade sogar, weil er nicht will, dass jemand verloren geht:

> »Der Herr verzögert nicht die Verheißung, wie es einige für eine Verzögerung halten; sondern er hat Geduld mit euch und will nicht, dass jemand verloren werde, sondern dass jedermann zur Buße finde.«
>
> 2. Petrus 3,9

Weshalb sollte Gott diese Zeit der Gnade voller Geduld ausdehnen, wenn er dann jenseits dieser Zeit doch alles anders regelt? Weshalb sollte Gott jetzt seine Gnadenzeit in die Länge ziehen, wenn er dann jenseits von Zeit und Ewigkeit doch alle begnadigt?

Gnadenzeit ist an die Zeit gebundene Gnade.

Gnadenzeit ist an die Zeit gebundene Gnade. Wenn die Zeit eines Menschen an ihr Ende gekommen ist, dann ist auch seine Möglichkeit, Gottes Gnade anzunehmen, an ein Ende gekommen.

> »Es ist dem Menschen bestimmt, einmal zu sterben, danach aber das Gericht.«
>
> Hebräer 9,27

So wenig die Kluft zwischen dem Hades und dem Paradies nach dem Tod noch einen Ortswechsel zulässt (Lukas 16,19ff), so wenig wissen die biblischen Texte von einer Allversöhnung jenseits der Hölle. Es gibt ein zu spät mit dem Tod. Dass es dazu nicht kommen muss, dafür hat Gott in Jesus Christus alles getan.

Es gibt ein zu spät mit dem Tod. Dass es dazu nicht kommen muss, dafür hat Gott in Jesus Christus alles getan.

12. Ewigkeit – Vorfreude und Vorbereitung

Ein Mann und seine Frau schaffens beide auf jeweils über hundert Jahre. Doch eines Tages ist es auch für die beiden so weit. Ihr letztes Stündlein schlägt. – Im Himmel angekommen, sind sie hellauf begeistert. So großartig und herrlich hätten sie es sich nicht vorgestellt. Alles, was sie sich jemals erträumt haben, wird bei Weitem übertroffen. Da zwickt der Ehemann seine Frau in die Seite und meint zu ihr: »Menschenskind, wenn du uns nicht jeden Tag mit deinen Vitamin- und Knoblauchpillen so vollgestopft hättest, dann hätten wir das schon dreißig Jahre früher haben können.«

Willkommen im Himmel: Sie sind berufen für die Ewigkeit. Das soll nicht heißen, dass Sie ab heute – getreu nach dem Motto: der Pfarrer hats gesagt – Ihre Vitamintabletten, Knoblauchpastillen und sonstigen Medikamente absetzen sollen, wohl aber, dass Sie sich auf das, was Gott für Sie bereithält, freuen dürfen.

Heute erhielt ich völlig überraschend Post von meiner Religionslehrerin in der Grundschule, Hildegard Kampe. Dreißig Jahre liegt der Religionsunterricht bei ihr zurück. Viele Jahre haben wir uns schon nicht mehr gesehen. Ich empfinde es als ein Vorrecht, wie sie mir in ihrem Brief an ihrer Sehnsucht, heimkehren zu dürfen, Anteil gibt: »Mein Leben neigt sich dem Ende zu, und so stehe ich wartend vor der Tür zum Vaterhaus. Jesus ist die Tür; ja, ich habe Sehnsucht nach Zuhause. [...] Im Psalm 90 heißt es: ›Unser Leben währet siebzig Jahre und wenn's hoch kommt, so sind's achtzig Jahre‹... – Und nun mache ich schon drei Jahre ›Überstunden‹.« Dankbar, zuversichtlich und voller Vorfreude schließt sie diesen Abschnitt mit einem Zitat des Liederdichters Gerhard Fritzsche (1911–1944):

»Einmal öffnet sich die Tür, und ich steh nicht mehr im Dunkeln, steh im Saal, da ohne Zahl Sterne tausendstrahlig funkeln.«

Vorfreude ist die schönste Freude

Wir kennen das, wenn es in den Urlaub geht. Zwischen der Entscheidung für ein Reiseziel und dem ersten Urlaubstag beflügelt uns die Freude auf den bevorstehenden Urlaub. Gespannt schweifen unsere Gedanken immer wieder in Richtung Urlaub, der mit jedem Tag näherrückt. Um dieser kostbaren Vorfreude willen empfehlen nicht nur die kommerzorientierten Reisebüros, sondern auch die Psychologen eine frühe Buchung. Vorfreude beflügelt. Vorfreude hilft, die Zeit bis zum ersehnten Ziel zu meistern.

Vorfreude hilft, die Zeit bis zum ersehnten Ziel zu meistern.

Worauf wir uns konkret freuen können, wenn unsere Gedanken in Richtung Ewigkeit schweifen? Vermutlich wird es so viele unterschiedliche Antworten geben wie Menschen, die die Frage beantworten. Dies ist schlicht darum so, weil die Bibel darauf verzichtet, uns die Ewigkeit plastisch auszuschmücken. Weil dem so ist, soll an dieser Stelle auch nicht spekuliert, sondern die Spannung aufrechterhalten werden. Trotzdem ist es nicht so, als ob die Bibel nichts zur Ewigkeit zu sagen hätte. Im Gegenteil. Ihre wenigen bildhaften Einblicke sprechen eine so deutliche Sprache, dass sie uns nicht nur darüber informieren, was uns erwartet, sondern tatsächlich Vorfreude in uns wecken und uns geradezu mit Sehnsucht nach Gottes Ewigkeit erfüllen. Sie dürfen sich freuen. Der erste Schritt dorthin ist wie bei der Urlaubsbuchung das persönliche Ja des Glaubens. Und dann kommt die Vorfreude. Jesus wünscht sie uns:

»Freut euch [...], dass eure Namen im Himmel geschrieben sind.«

Lukas 10,20

Vorfreude ist das eine. Doch es geht um mehr: Nur, wer das Ziel vor Augen hat, kommt auch tatsächlich an.

Lass mir das Ziel vor Augen bleiben

Die Langstreckenschwimmerin Florence May Chadwick (1918–1995) hat es sich in den Kopf gesetzt, als erste Frau von der 34 Kilometer westlich von Kalifornien gelegenen Insel Santa Catalina nach Palos Verdes an der kalifornischen Küste zu schwimmen. Nach hartem Training startet sie 1952 ihren ersten Versuch. Sie schwimmt, angespornt von den vielen Zurufen aus ihren Begleitbooten. Kurz vor der Küste zieht dichter Nebel auf, und das Wasser wird immer kälter. Vom Boot aus feuert sie ihre Mutter an: »Los, Florence! Du schaffst es! Es sind nur noch wenige Meilen!« Doch schließlich lässt sich die erschöpfte Florence an Bord ziehen – nur wenige Hundert Meter vor ihrem Ziel. Danach erzählt sie den Reportern: »Ich glaube, ich hätte es geschafft, wenn ich nur das Ziel gesehen hätte.«

Wenig später versucht es Florence May Chadwick noch einmal. Dieses Mal konzentriert sie sich darauf, die Küste vor ihrem inneren Auge zu sehen. Jedes Detail malt sie sich aus. Je dichter der Nebel und je kälter das Wasser wird, desto klarer erscheint ihr das Bild der Küste, desto näher sieht sie sich ihrem Ziel – das sie am Ende auch tatsächlich in der Rekordzeit von 13 Stunden, 47 Minuten und 32 Sekunden erreicht.

Wer das Ziel erreichen will, muss es vor Augen haben.

Das Ziel vor Augen. Wer das Ziel erreichen will, muss es vor Augen haben. Sehen wir Gottes ewiges Ziel, oder stochern wir im Nebel bedeutender oder weniger bedeutender Herausforderungen des tagtäglichen Lebens?

> »Wer überwindet [wörtlich ›siegt‹], der wird es alles ererben.«
>
> Offenbarung 21,7

Sicherlich erreichen wir Gottes Ewigkeit nicht durch unsere Leistung. Sie jedoch im Blick zu behalten, schenkt uns Vorfreude, Kraft und Ausdauer. Gottes ewiges Ziel im Blick, bewahrt uns davor, das Ziel zu verfehlen oder irgendwann kraft-, saft- und lustlos unterwegs aufzugeben.

Der ehemalige Erlanger Theologieprofessor Reinhard Slenczka denkt noch einen Schritt weiter : »Die christliche Gemeinde richtet sich in der Zeit ein, wenn sie für das Ende der Zeit blind geworden ist.«[17] Wer für das Ziel blind geworden ist, steht in der Gefahr, es zu verfehlen, gerade weil anstelle des zukünftigen Ziels die Gegenwart zur alles bestimmenden Größe geworden ist. Unabhängig davon, ob wir es uns gut hier eingerichtet haben oder ob wir wie Florence May Chadwick am kämpfen sind, um nicht unterzugehen.

Wem die Jenseitsperspektive abhandengekommen ist, der ist zum Diesseits verdammt.

Wer keinen Blick für Gottes Zukunft mehr hat, muss geradezu mit der Gegenwart auskommen. Wem die Jenseitsperspektive abhandengekommen ist, der ist zum Diesseits verdammt. Wer Gottes Ewigkeit aus den Augen verloren hat, kann nicht anders, als aus der Zeit herauszuholen, was nur geht. – »Stopp«, unterbricht uns der Apostel Paulus:

»Zur Freiheit hat uns Christus befreit! So steht nun fest und lasst euch nicht wieder das Joch der Knechtschaft auflegen!«

Galater 5,1

Gottes ewiges Ziel vor Augen zu haben, schenkt Freiheit. Kinder Gottes sind frei vom Gesetz der Gegenwart, frei vom Gesetz zu einem Leben auf Teufel komm raus und frei vom Gesetz, einmal sterben zu müssen auf Teufel komm raus. *»Lasst euch nicht wieder das Joch der Knechtschaft auflegen!«* Mit dem Blick auf Gottes Ewigkeit sind wir schon in der Zeit befreit.

Kinder Gottes stehen mit beiden Beinen im Leben. Sie leben im Heute und zugleich auf Gottes ewiges Ziel hin. Doch nicht nur: Vor allem und zuerst leben Kinder Gottes vom Ziel der Ewigkeit her. Wer vom Ziel der Ewigkeit her lebt, wird zum Ziel der Ewigkeit Gottes hingezogen.

Wer Gottes Ewigkeit vor Augen hat, bekommt Kraft und Hoffnung für sich und diese Welt.

Hier ist Kraft in gegenwärtiger Kraftlosigkeit. Hier ist Hoffnung wider irdische Hoffnungslosigkeit. Hier ist Rechtfertigung durch Gott angesichts verzweifelter Versuche der Selbstrechtfertigung. Hier ist Retterliebe für diese Welt inmitten von weltlicher Gleichgültigkeit und Selbstgenügsamkeit.

Daran erinnert uns Reinhard Slenczkas Beobachtung, die oben nur verkürzt wiedergegeben wurde und vollständig lautet: »Die christliche Gemeinde richtet sich in der Zeit ein, wenn sie für das Ende der Zeit blind geworden ist *und ihre Diener ihr die frohe Botschaft nicht mehr ausrichten.*«

Das ist unser Amt. Mitten in den Nebelschwaden unserer Zeit braucht es Christen, die weitersehen und den anderen den Blick dafür öffnen. Wer Gottes Ewigkeit vor Augen hat, bekommt Kraft und Hoffnung für sich und diese Welt.

Ich sehe was, was du nicht siehst, und das ist …

»Ich sehe was, was du nicht siehst…« Für wie viele stressgeplagte Eltern wurde dieses Spiel schon zum Lebensretter. Man mag es sich vorstellen. Seit Stunden sind sie unterwegs auf der Autobahn, vorne die Eltern, hinten die Kinder. Und die Kilometer nehmen kein Ende. Was am Anfang noch ganz lustig war, beginnt zu kippen: »Papa, mir ist heiß.« »Mama, ich habe Durst.« »Papa, wann sind wir endlich da?« »Mama, ich muss mal.« Ganz zu schweigen von dem Gezicke der Geschwister untereinander, das jetzt seinen Lauf zu nehmen beginnt.

»Ich sehe was, was du nicht siehst…« Ein Spiel für unterwegs, wenn Kinder vor Langeweile oder Müdigkeit an ihre Grenzen kommen, keine Kraft und keinen Nerv mehr haben und dabei auch allen anderen den letzten Nerv zu rauben beginnen.

Die Menschheit ist gleichsam unterwegs. Die Strecke zieht sich. Nicht nur auf der Rücksitzbank, sondern auch auf den Vordersitzen droht die Stimmung zu kippen. Ein Kilometer um den anderen verstreicht. Stunden, Tage, Jahre lassen wir hinter uns: Ungeduldig. Sehnsüchtig. Müde. Irgendwann tut alles weh. Doch jetzt sitzen wir als Christen mitten in dieser Fahrgemeinschaft und sehen weiter. Johannes, der Verfasser des nach ihm benannten Buches der Offenbarung, macht es uns vor, wenn er anfängt: »Ich sehe was, was du nicht siehst…« Und dann wünscht er sich, dass auch wir entdecken, was er schon gesehen hat. Dann wünscht er sich, dass Sie auf Ihrer langen und manchmal anstrengenden Lebensreise eine neue Perspektive bekommen. Einen Blick,

> »Ich sehe was, was du nicht siehst …« Johannes macht es uns vor. Jetzt sind wir dran, einander die Augen zu öffnen für Gottes Ewigkeit.

der Zuversicht weckt. Einen Blick, der Gelassenheit und Freude schenkt. Einen Blick, bei dem unsere Tränen versiegen.

»Ich sehe was, was du nicht siehst ...« Johannes hat angefangen. Jetzt sind wir dran, einander die Augen zu öffnen für Gottes Ewigkeit.

Der biblische Schlüsseltext zur Ewigkeit ist Offenbarung 21. Hier schildert Johannes, was Gott ihm vor Augen gemalt hat. Hier beginnt Johannes mit uns zu spielen: Ich sehe was, was du vielleicht noch nicht siehst, aber unbedingt sehen sollst.

> »Und ich sah einen neuen Himmel und eine neue Erde; denn der erste Himmel und die erste Erde sind vergangen, und das Meer ist nicht mehr. Und ich sah die heilige Stadt, das neue Jerusalem, von Gott aus dem Himmel herabkommen, bereitet wie eine geschmückte Braut für ihren Mann. Und ich hörte eine große Stimme von dem Thron her, die sprach: Siehe da, die Hütte Gottes bei den Menschen! Und er wird bei ihnen wohnen, und sie werden sein Volk sein und er selbst, Gott mit ihnen, wird ihr Gott sein; und Gott wird abwischen alle Tränen von ihren Augen, und der Tod wird nicht mehr sein, noch Leid noch Geschrei noch Schmerz wird mehr sein; denn das Erste ist vergangen. Und der auf dem Thron saß, sprach: Siehe, ich mache alles neu!«
>
> Offenbarung 21,1-5a

13. Ewigkeit – Gottes neue Schöpfung

Ein neuer Himmel und eine neue Erde

»Und ich sah einen neuen Himmel und eine neue Erde; denn der erste Himmel und die erste Erde sind vergangen, und das Meer ist nicht mehr.«

Offenbarung 21,1

Ein unglaublicher Satz. Was Johannes sieht und was er uns vor Augen malen will, ist weit mehr als nur die Aussicht auf einen noch schöneren blauen Himmel oder eine noch herrlichere Erde. Die sprachliche Gegenüberstellung von Himmel und Erde steht für eine umfassende Gesamtheit. Man nennt dieses Stilmittel, das wir ja schon weiter oben kennengelernt haben, einen Merismus. Zwei Teile stehen für das Ganze. »Himmel und Erde« meint in dieser bewussten Gegenüberstellung schlicht – alles. Das ist schon im ersten Satz der Bibel so:

»Am Anfang schuf Gott Himmel und Erde.«

1. Mose 1,1

Auf diese alles umfassende Überschrift zur Schöpfungsgeschichte folgt die Ausführung: das Licht, die Vegetation, die Tiere, der Mensch usw. Jetzt lesen wir in Offenbarung 21,1: *»Der erste Himmel und die erste Erde sind vergangen.«* Dies bedeutet nicht weniger, als dass alles, was diese Welt gegenwärtig auszeichnet, einmal der Vergangenheit angehören wird.

Ähnlich wie in der Schöpfungsgeschichte der erste Satz der Bibel als Überschrift gelesen werden will, verbindet

Johannes auch mit dieser Aussage den Charakter einer Überschrift: Die erste und zunächst einzige Ausführung dieser Überschrift lautet: *»und das Meer ist nicht mehr.«* Warum legt Johannes so viel Wert auf das Meer? Er könnte doch auch von den Pflanzen reden oder von den Sternen. Warum ist es ihm so wichtig festzuhalten, dass es das Meer einmal nicht mehr geben wird? Enttäuscht ist man geneigt, das Gesicht zu verziehen und die Kinnlade hängen zu lassen: angesichts der düsteren Aussicht, ewig auf Sonne, Palmen, Strand und Meer verzichten zu müssen. Doch zu Ihrer und unser aller Beruhigung: Das ist nicht gemeint.

Mit dem Meer verbinden die Mehrzahl der biblischen Belege weder Sonne, Strand noch Palmen, sondern jenes absolute Chaos, für das selbst ein Tsunami nur eine vage Verständnishilfe darstellt.

Mit dem Meer verbinden die Mehrzahl der biblischen Belege weder Sonne, Strand noch Palmen, sondern jenes absolute Chaos, für das selbst ein Tsunami nur eine vage Verständnishilfe darstellt. In der Metapher, also dem Bildwort des Meeres, bündelt sich die geballte Macht des Chaos.

Wenn Luther die Chaosschilderung in 1. Mose 1,2 übersetzt *»Und die Erde war wüst und leer«*, dann ist dies geradezu nichtssagend gegenüber dem hebräischen *Tohuwabohu* an dieser Stelle. Wider das absolute Chaos und Tohuwabohu vor der Schöpfung, setzt Gottes Schöpfungswort den Kosmos mit seiner Ordnung. Gott erschafft die Welt deshalb auch nicht aus dem Nichts, wie 2. Makkabäer 7,28 gängig missverstanden wird.

> »Ich bitte dich, mein Kind, sieh Himmel und Erde an und alles, was darin ist, und bedenke: dies hat Gott alles aus nichts gemacht, und wir Menschen sind auch so gemacht.«

Nein, Gott erschafft den Kosmos gegen das vorhandene Chaos, Licht wider die drückende Finsternis, Leben gegen den alles durchdringenden Tod. Und dann sieht Johannes beim Blick auf Gottes neuen Himmel und seine neue Erde:

»Das Meer ist nicht mehr.«

Offenbarung 21,1

Gott schafft einen neuen Himmel und eine neue Erde und es wird jene Anfechtung durch das Chaos nicht mehr geben. Der Sündenfall hat dem Chaos wieder Tür und Tor geöffnet. Mit der Sünde hat das Chaos in leidvoller Vielfalt wieder in Gottes Kosmos Einzug gehalten. Konnte Gott an den Schöpfungsabenden nur feststellen: *»Und siehe, es war sehr gut«*, ist die Welt seit dem Sündenfall Schauplatz eines Kosmos-Chaos-Kampfes. Sünde, Leid in unterschiedlichsten Formen, Krankheit und in alledem der Tod bedrohen das Leben (siehe Kapitel 3). Am Kreuz hat Gott das Chaos mit all seinen vielfältigen Auswüchsen überwunden. Endgültig dem zweiten Tod im Feuersee überantwortet wird es im Jüngsten Gericht, bevor Gott Himmel und Erde neu schaffen wird.

Ich will es Ihnen zusprechen: Mitsamt dem Meer und dem von ihm repräsentierten Chaos weicht, was Ihnen heute bis zum Hals steht und verschwindet, was Sie »unterkriegen« will. Was Sie heute wie mit Wellengewalt bedroht, wird in Gottes neuer Welt nicht mehr sein. Es wird nichts mehr geben, was Sie nicht unter die Füße bekommen oder was Ihnen den Boden unter den Füßen entziehen will, um dann bedrohlich, kalt und mächtig über Sie hereinzubrechen. Nichts wird mehr drohen und wüten, weil das Meer nicht mehr ist. Das Chaos in Ihrem Leben und das Chaos in dieser Welt ist jetzt selbst dem Untergang geweiht. An die Stelle des Chaotischen, Unfassbaren, Schweren und Lebensbedrohlichen setzt Gott einen neuen Himmel und eine neue Erde. Noch einmal wird Gott zum Schöpfer.

Gott hätte das nicht nötig. Unter jedem Schöpfungswerk stand sein: *»Und siehe, es war sehr gut.«* Nötig hat es der Mensch, Sie und ich. Wie nötig, das wird deutlich, wenn wir auf Jesus, den Gottesknecht der jesajanischen Gottesknechtslieder, schauen und an ihm entdecken, was er an unserer statt auf sich genommen hat und trägt:

> »Er war der Allerverachtetste und Unwerteste, voller Schmerzen und Krankheit. Er war so verachtet, dass man das Angesicht vor ihm verbarg; darum haben wir ihn für nichts geachtet. Fürwahr, er trug unsre Krankheit und lud auf sich unsre Schmerzen. Wir aber hielten ihn für den, der geplagt und von Gott geschlagen und gemartert wäre. Aber er ist um unsrer Missetat willen verwundet und um unsrer Sünde willen zerschlagen. Die Strafe liegt auf ihm, auf dass wir Frieden hätten, und durch seine Wunden sind wir geheilt.«
>
> Jesaja 53,3-5

Was Gott in Jesus begonnen hat, wird er vollenden, wenn er Himmel und Erde neu erschafft. Auf Gottes neuer Erde und unter seinem neuen Himmel gibt es dann nichts mehr von alledem, was Jesus für uns auf sich nehmen musste. Geradezu nichtssagend wird in Gottes neuer Welt all das sein, was der Prophet Jesaja den Gottesknecht noch tragen sieht. Nichts wird man mehr damit verbinden, weil die Welt der Vergangenheit angehört, die wie der Gottesknecht

> Gott hätte keine Neuschöpfung nötig gehabt. Nötig hatte sie der Mensch. Wie nötig, das sehen wir beim Blick auf Jesus, den Gottesknecht der jesajanischen Gottesknechtslieder.

von Verachtung, Wertlosigkeit, Schmerzen, Krankheit, Plagen, Schlägen, Missetat, Sünde, Zerschlagenheit, Strafe oder Wunden gezeichnet ist: *»Das Meer ist nicht mehr.«*

Was für eine Aussicht! Am Kreuz hat Gott damit begonnen, alles neu zu schaffen. Am Kreuz fängt er an, die Gesetze dieser Welt aus den Angeln zu heben. Am Kreuz packt Gott meine Schuld, mein Leid und meinen Tod auf seinen Sohn Jesus Christus. Hier werde ich im Glauben an Jesus Christus neu geschaffen. Fortan muss nicht mehr ich meine Schuld tragen, nicht mehr ich mein Leid überwinden und nicht mehr ich dem Tod mein Leben überlassen. Jetzt hat der Tod mir zu dienen als eine Durchgangsstation hinein in Gottes Ewigkeit.

Und nicht nur mir:

> »Die Schöpfung ist ja unterworfen der Vergänglichkeit – ohne ihren Willen, sondern durch den, der sie unterworfen hat –, doch auf Hoffnung; denn auch die Schöpfung wird frei werden von der Knechtschaft der Vergänglichkeit zu der herrlichen Freiheit der Kinder Gottes. Denn wir wissen, dass die ganze Schöpfung bis zu diesem Augenblick mit uns seufzt und sich ängstet [wörtlich: ›in Geburtswehen liegt‹]. Nicht allein aber sie, sondern auch wir selbst, die wir den Geist als Erstlingsgabe haben, seufzen in uns selbst und sehnen uns nach der Kindschaft, der Erlösung unseres Leibes.«
>
> Römer 8,20-23

Mit uns seufzt und sehnt sich die ganze Schöpfung nach Erlösung: die vergifteten Flüsse, die verschmutzten Berge, die zerstörten Wälder, die dünner werdende Ozonschicht und dergleichen mehr, was unter der Zerstörung durch den Menschen leidet. Doch nicht nur die vom Menschen ausgebeutete Natur seufzt und hofft auf Erlösung. Vermutlich seufzt auch das Kaninchen unserer Kinder, sobald es Nachbars Katze um die Ecke biegen sieht. Ziemlich sicher seufzt und schreit es in einer herrlichen Wüstenlandschaft, wenn die Klapperschlange zubeißt, wenn am idyllischen Nilufer das Krokodil nach einem Zebra schnappt oder sich der Mäusebussard auf der sonnendurchfluteten Waldwiese im Sturzflug die nächste Maus krallt und einverleibt. Die ganze Schöpfung durchzieht ein Hauen und Stechen, bei dem nur der Stärkere überlebt. Wider diese Machtspielchen und Überlebenskämpfe verheißt schon Jesaja einen neuen Himmel und eine neue Erde, auf der zwischen allen Geschöpfen Frieden herrschen wird:

Gott richtet sein ewiges Friedensreich auf. Wenn er dafür schon einen messianischen Tierfrieden verheißt, um wie viel mehr wird Frieden einkehren unter uns Menschen.

> »Da werden die Wölfe bei den Lämmern wohnen und die Panther bei den Böcken lagern. Ein kleiner Knabe wird Kälber und junge Löwen und Mastvieh miteinander treiben. Kühe und Bären werden zusammen weiden, dass ihre Jungen beieinander liegen, und Löwen werden Stroh fressen wie die Rinder. Und ein Säugling wird spielen am Loch der Otter, und ein entwöhntes Kind wird seine Hand stecken in die Höhle der Natter. Man wird nirgends Sünde tun noch freveln auf meinem ganzen heiligen Berge; denn das Land wird voll Erkenntnis des Herrn sein, wie Wasser das Meer bedeckt.«
>
> Jesaja 11,6-9; vgl. 65,17-25

Gott richtet sein ewiges Friedensreich auf. Wenn er dafür schon einen messianischen Tierfrieden verheißt, um wie viel mehr wird unter uns Menschen dann Frieden einkehren. Streit in unseren Ehen und Familien, in der Nachbarschaft und zwischen den Generationen wird einmal der Vergangenheit angehören. Mobbing in den Schulklassen unserer Kinder, Machtkämpfe am Arbeitsplatz und Kriege unter den Völkern dieser Welt werden sich in Luft auflösen. Frieden wird unter den Gliedern des Leibes Christi sein, wo man eigentlich schon heute Frieden erwarten sollte und noch so viel Unfrieden herrscht.

> »Denn er [Christus] ist unser Friede.«
>
> Epheser 2,14

Davon sind schon die Engel vor Bethlehems Toren überzeugt. Die Geburt des Messias lässt sie Gott loben und den Menschen Frieden auf Erden verkünden.

> »Ehre sei Gott in der Höhe und Friede auf Erden bei den Menschen seines Wohlgefallens.«
>
> Lukas 2,14

Kein Geringerer als der Prophet Jesaja hat sie dazu inspiriert. In einer messianischen Weissagung verkündet er im achten vorchristlichen Jahrhundert den kommenden Friede-Fürsten so definitiv, als ob er schon Mensch geworden wäre:

> »Denn uns ist ein Kind geboren, ein Sohn ist uns gegeben, und die Herrschaft ruht auf seiner Schulter; und er heißt Wunder-Rat, Gott-Held, Ewig-Vater, Friede-Fürst.«
>
> Jesaja 9,5

Angekündigt im Alten Testament, mit Leben erfüllt in der Krippe und todsicher entschieden am Kreuz: Durch die

Erschaffung eines neuen Himmels und einer neuen Erde vollendet Gott sein messianisches Friedensreich mit ewigem Frieden.

Bis dahin allerdings seufzen wir – doch nicht nur. Die Schöpfung seufzt nicht einfach, weil es ihr schlecht geht und ihr elend zumute ist. Sie seufzt vielmehr in froher Erwartung.

> Angekündigt im Alten Testament, mit Leben erfüllt in der Krippe und todsicher entschieden am Kreuz: durch die Erschaffung eines neuen Himmels und einer neuen Erde vollendet Gott sein messianisches Friedensreich mit ewigem Frieden.

»Denn wir wissen, dass die ganze Schöpfung bis zu diesem Augenblick mit uns seufzt und sich ängstet [wörtlich ›in Geburtswehen liegt‹].«

Römer 8,22

Ja, wir seufzen und die Schöpfung seufzt mit uns. Doch was ist das für ein Seufzen? Es ist das Seufzen einer Gebärenden. Es ist das Seufzen, das neues Leben verheißt. Im Seufzen der Schöpfung hören wir: Der Geburtsvorgang hat begonnen. Die Wehen haben eingesetzt. Es kann nicht mehr lange dauern. Bald ist es so weit. Die seufzende Welt liegt schon im Kreißsaal zum ewigen Leben. Zitternd und zagend und doch voller Sehnsucht und Hoffnung wartet sie darauf, dass Gottes umfassende Verheißung wahr wird:

> Ja, wir seufzen und die Schöpfung seufzt mit uns. Doch was ist das für ein Seufzen? Es ist das Seufzen einer Gebärenden. Es ist das Seufzen, das neues Leben verheißt.

»Siehe, ich mache alles neu!«

Offenbarung 21,5

Ein neuer Leib

Eine Familie aus einem abgelegenen Bergdorf kommt zum ersten Mal in ein Großstadtkaufhaus. Völlig verklärt sieht sich der Vater die Stereoanlagen an. Noch verklärter stehen Mutter und Sohn vor einer geteilten Metalltüre, die sich wie von Geisterhand öffnet und einen kleinen Raum freigibt. Fragt der Sohn: »Du, Mutter, was ist das?« Darauf die Mutter: »Keine Ahnung. So was hab ich im Leben noch nicht gesehen!« In dem Moment wackelt ein älterer Herr in den Aufzug. Die Türe schließt sich. Mutter und Sohn beobachten die Lampen über der Türe: 1-2-3-2-1. Da geht die Türe wieder auf. Die beiden trauen ihren Augen nicht: Ein dynamischer, gut aussehender und top gestylter Jüngling verlässt den Lift. Umgehend ruft die Mutter zu ihrem Sohn: »Schnell, hol dein' Vatter!«

Was gäbe manch einer darum, mit einer Aufzugfahrt nach oben und wieder nach unten nicht nur verjüngt zu werden, sondern gleich einen völlig neuen, gesunden und attraktiven Körper zu erhalten. Das hätte doch etwas, mit nur einer Fahrt ein paar Stockwerke höher und wieder zurück alle Pickel los zu sein, keine Brille mehr zu benötigen oder mit jugendlicher Schönheit zu bestechen! Wie unglaublich wäre es, auf so schlichte Weise von dieser oder jener Krankheit geheilt zu werden oder von der einen oder anderen leichten oder schweren Behinderung erlöst zu sein. Was gäbe manch einer darum, einfach einsteigen zu können, um den alten Leib samt seiner Beschwernisse mit nur einer Aufzugfahrt nach oben zu bringen und mit einem neuen Leib wieder ins Leben zu treten.

Sosehr wir uns auch bemühen: Es funktioniert nicht. Aus diesem Grund kamen dann auch die alten Griechen und manch andere mehr auf die Idee, im Sterben würde einmal die Seele von ihrem Leib erlöst, um dann endlich ohne einen so problembeladenen Leib ewig zu leben. Kurz und vehement widerspricht der pietistische Schwabenvater Friedrich Christoph Oetinger (1702–1782) solcher endzeitlichen Leibfeindlichkeit: »Leiblichkeit ist das Ende der Werke Gottes, wie aus der Stadt Gottes klar erhellet (Offenb. 20).«[18]

Mit seinem Beharren auf einer jenseitigen Leiblichkeit befindet sich Oetinger in bester, weil gut biblischer Gesellschaft. Allen voran erteilt der Apostel Paulus jener philosophischen Leibfeindlichkeit eine deutliche Absage und lehrt stattdessen eine leibliche Auferstehung von den Toten. Dabei vergisst er nicht zu erklären, wie wir diese jenseitige Leiblichkeit zu denken haben:

> »Unser Bürgerrecht aber ist im Himmel; woher wir auch erwarten den Heiland, den Herrn Jesus Christus, der unsern nichtigen Leib verwandeln wird, dass er gleich werde seinem verherrlichten Leibe nach der Kraft, mit der er sich alle Dinge untertan machen kann.«
>
> Philipper 3,20f

Bei der Auferstehung von den Toten wird unser nichtiger Leib weder ausgetauscht noch, weil scheinbar überflüssig oder geradezu störend, ersatzlos gestrichen. Unser vergänglicher Leib wird verwandelt. Verwandlung beinhaltet eine völlige Neugestaltung einerseits und Kontinuität andererseits. Sie werden Sie selbst bleiben, doch mit einem neuen Auferstehungsleib, gleich dem verherrlichten Leib von Jesus Christus. Das leere Grab hilft uns, dies zu glauben. Würde Auferstehung heißen, einen gänzlich anderen Leib zu bekommen oder gar keinen

»Leiblichkeit ist das Ende der Werke Gottes.« (Friedrich Christoph Oetinger)

mehr zu benötigen, wäre das Grab von Jesus an Ostern nicht leer gewesen. Der ursprüngliche Körper von Jesus wäre noch heute dort aufgebahrt. Doch das Grab war leer. Und der Auferstehungsleib von Jesus trägt die Nägelmale des Kreuzes und die Seitenwunde des Lanzenstoßes. Thomas ist aufgefordert, seine Hand hineinzulegen und Zeuge der leiblichen Auferstehung von Jesus zu werden.

In seinem großen Auferstehungskapitel 1. Korinther 15 zieht Paulus die Konsequenzen aus der Auferstehung von Jesus für unsere Auferstehung und Verwandlung. Bei der Wiederkunft von Jesus werden die bis dahin Verstorbenen mit einem neuen, unverweslichen Leib von den Toten auferstehen. Die dann noch Lebenden werden dagegen direkt verwandelt, indem ihr verweslicher Leib Unverweslichkeit anziehen wird.

> »Siehe, ich sage euch ein Geheimnis: Wir werden nicht alle entschlafen, wir werden aber alle verwandelt werden; und das plötzlich, in einem Augenblick, zur Zeit der letzten Posaune. Denn es wird die Posaune erschallen, und die Toten werden auferstehen unverweslich, und wir werden verwandelt werden. Denn dies Verwesliche muss anziehen die Unverweslichkeit, und dies Sterbliche muss anziehen die Unsterblichkeit. Wenn aber dies Verwesliche anziehen wird die Unverweslichkeit und dies Sterbliche anziehen wird die Unsterblichkeit, dann wird erfüllt werden das Wort, das geschrieben steht (Jesaja 25,8; Hosea 13,14): ›Der Tod ist verschlungen vom Sieg‹.«
>
> 1. Korinther 15,51-54

Gottes Ewigkeit ist keine rein geistige Angelegenheit. Leiblich wird es dort zugehen, doch ohne die Angefochtenheit und Vergänglichkeit irdischer Leiblichkeit.

Unser angefochtener, kranker und sterblicher Leib wird verwandelt und dem verherrlichten Leib von Jesus Christus gleich gestaltet. Krankheiten, Behinderungen, nachlassende Kräfte, Alterserscheinungen und die mit alledem verbundenen körperlichen und seelischen Schmerzen werden der Vergangenheit angehören. Sie werden einen Leib bekommen, der Sie als Sie selbst auszeichnet und der doch in jenem Sinn makellos sein wird, wie Gott vor dem Sündenfall von seinem Geschöpf nur festhalten konnte: *»Und siehe, es war sehr gut.«*

Sie werden einen Leib bekommen, der Sie als Sie selbst auszeichnet und der doch in jenem Sinn makellos sein wird, wie Gott vor dem Sündenfall von seinem Geschöpf nur festhalten konnte: »Und siehe, es war sehr gut.«

In ihrem Buch »Spiel mir das Lied vom Himmel« bezeugt die querschnittsgelähmte Joni Eareckson Tada diese Hoffnung auf eine leibliche Auferstehung und eine Verwandlung ihres kranken Körpers[19]: »Irgendwo in meinem gebrochenen, gelähmten Körper steckt der Same dessen, was ich einmal sein werde. Die Lähmung lässt das, was ich einmal sein werde, noch großartiger erscheinen, wenn man die zurückgebildeten, nutzlosen Beine mit prächtigen auferstandenen Beinen kontrastiert. Ich bin überzeugt, falls es im Himmel Spiegel gibt (und warum eigentlich nicht?), dann werde ich in meinem Spiegelbild unverkennbar ›Joni‹ sehen, wenn auch eine wesentlich bessere, prächtigere ›Joni‹. Und zwar so prächtig, dass sich ein Vergleich gar nicht lohnt.«

Werden wir unsere Lieben in der Ewigkeit wiedererkennen?

Die griechischen Philosophen lebten darauf zu[20]: In seiner Tragödie *Antigone* lässt Sophokles dieselbe klagen und hoffen (891–899)[21]:

»O Grab, o Brautgemach, o unterirdisch
Gefängnis allezeit! Ich geh dahin
Zu all den Meinen, deren schon so viel
Persephone im Totenreich empfangen.
Und ich, die letzte, sterb am bittersten,
Eh' sich erfüllte meines Lebens Teil.
Doch eine Hoffnung wächst in mir: *Ich komme*
Geliebt zum Vater und geliebt zu dir,
O Mutter, und zu dir Eteokles.«

Von ähnlicher Hoffnung auf eine Wiedervereinigung im Totenreich zeugt König Admetos in Euripides' *Alkestis* (357–368)[22]:

»Hätt ich Orpheus süßen Liedermund,
Daß ich Demeters Kind samt dem Gemahl
Verführte, dich zu senden an das Licht,
Ich stieg nieder, selbst wenn Plutons Hund,
Wenn Charons Kahn, der nur die Toten fährt,
Es wehrte, und ich brächte dich zurück.
Erwarte denn dort unten meinen Tod,
Bereite unser beider Wohngemach!
Ich sag den Kindern, daß im gleichen Sarg
Sie mich wie dich bestatten, meinen Leib
Ganz nah an deinem. Auch im Tode noch
Will ich der Einzigtreuen nahe sein.«

Die Hoffnung auf ein Wiedersehen und eine Wiedervereinigung im Tod währt seit Menschengedenken. Nicht nur in der griechischen Philosophie, sondern auch im Alten Testament.

Von allen drei Erzvätern wird erzählt, dass sie nach dem Eintritt ihres Todes, aber noch vor ihrer Beerdigung *»zu ihren Vätern versammelt wurden«.*

> »Und Abraham verschied und starb in einem guten Alter, als er alt und lebenssatt war, und wurde zu seinen Vätern versammelt. Und es begruben ihn seine Söhne Isaak und Ismael [...].«
>
> 1. Mose 25,8f

> »Und Isaak wurde hundertundachtzig Jahre alt, verschied und starb und wurde versammelt zu seinen Vätern, alt und lebenssatt. Und seine Söhne Esau und Jakob begruben ihn.«
>
> 1. Mose 35,28f

> »Und als Jakob dies Gebot an seine Söhne vollendet hatte, tat er seine Füße zusammen auf dem Bett und verschied und wurde versammelt zu seinen Vätern. Da warf sich Josef über seines Vaters Angesicht und weinte über ihm und küsste ihn. Und Josef befahl seinen Dienern, den Ärzten, dass sie seinen Vater zum Begräbnis salbten [...].«
>
> 1. Mose 49,33ff

Von Jakob wird außerdem überliefert, dass er annahm, seinen – wie er fälschlich meinte – verstorbenen Sohn Josef wiederzusehen, wenn auch er zu den Toten hinuntersteigt.

> »Ich werde mit Leid hinunterfahren zu den Toten, zu meinem Sohn.«
>
> 1. Mose 37,35

Ebenso ging König David davon aus, bei seinem eigenen Tod einmal zu seinem gerade verstorbenen Kind zu kommen.

> »Ich werde wohl zu ihm fahren; es kommt aber nicht wieder zu mir zurück.«
>
> 2. Samuel 12,23

Diese alttestamentlichen Texte sind deutlich zurückhaltender als die griechischen Philosophen. Während die griechischen Philosophen eindeutig von einem Wiederaufleben und Fortbestehen der zwischenmenschlichen Beziehungen im Totenreich ausgehen, schließen dies die alttestamentlichen Belege nicht aus. Sie könnten möglicherweise aber auch nur meinen, dass sich die Verstorbenen zusammen am selben Ort aufhalten. Während die griechischen Texte von Gefühlsregungen zwischen den Verstorbenen wissen oder von einem gemeinsamen Haus sprechen, führen die alttestamentlichen Belege die Beziehungsebene nicht näher aus. Trotzdem geben auch sie der Hoffnung auf eine jenseitige Fortsetzung der irdischen Beziehungen Raum, wenn sie eben nicht nur von einem Kommen ins Totenreich sprechen, sondern ausdrücklich die Beziehungsebene aufgreifen: Die Verstorbenen kommen nicht nur ins Totenreich, sondern beim Eintritt des Todes zu den geliebten Menschen dort. Sie werden bei ihnen »versammelt«. Gott versammelt uns einmal bei unseren Lieben.

Auch das Neue Testament bleibt zurückhaltend. Wenn wir an die neutestamentlichen Texte mit der Frage herantreten, ob wir uns in der Ewigkeit wiedersehen und wiedererkennen, könnte deren Antwort lauten: Christen werden sich in der Ewigkeit erkennen, aber kaum wiederzuerkennen sein. Wir werden einander als gemeinsame Glieder des einen Leibes Christi (vgl. 1. Korinther 12) erkennen. Dann stimmt der Satz: »Christen sehen sich nie zum letzten Mal.« Es könnte allerdings passieren, dass wir einander fast nicht wiedererkennen. Weil wir uns in Gottes Ewigkeit so sehen werden, wie Gott uns ganz ursprünglich gemeint hat, könnte bei unserem Wiedersehen die erstaunte, beeindruckte und dankbar faszinierte Begrüßung lauten: »Du bist ja kaum wiederzuerkennen, so makellos, so herrlich und vollkommen.«

Auch durch die »Verwandlung« unseres bisherigen Leibes in einen neuen Auferstehungsleib bleiben wir dieselbe Person. Wenn unser irdischer Leib verwandelt wird, dann verwandelt Gott Nichtigkeit in Herrlichkeit (Philipper 3,20f) und Verweslichkeit in Unverweslichkeit (1. Korinther 15,51ff), womit er uns auch von alledem erlöst, was uns in Form von Krankheit, Leid und Schuld zum Sterben verurteilt.

Christen werden sich in der Ewigkeit erkennen, aber kaum wiederzuerkennen sein.

Der Theologe Karl Barth wurde einmal gefragt, ob er glaube, dass wir in der Ewigkeit unsere Lieben wiedersehen würden. Er antwortete darauf: »Ja, aber nicht nur sie!«

Wir werden einander wiedersehen, unsere Lieben und all jene, die wir nicht so recht lieben konnten. Dennoch braucht uns dieses Wiedersehen nicht schrecken. Unsere kräftezehrenden Glaubensgeschwister und wir mit ihnen werden von alledem, was heute noch zwischen uns steht, und was uns voneinander trennen will, erlöst sein. Anstelle unserer Macken, und unserer etwas mühsamen Eigenheiten wird uns Herrlichkeit auszeichnen.

Nebenbei bemerkt: Der Blick von der Ewigkeit auf unseren Gemeindealltag heute setzt Liebe, Mut und Kräfte frei, trotz mannigfaltiger Grenzerfahrungen die Verbundenheit der Glieder am Leib Christi schon heute zu suchen und zu stärken. Dies sollte uns nicht kalt lassen, schließlich wollen wir ja einmal die Ewigkeit zusammen verbringen.

Und mein Ehepartner?

Eine schwere Frage, die Jesus im folgenden Gespräch mit den Sadduzäern doch sehr klar beantwortet:

> »An demselben Tage traten die Sadduzäer zu ihm, die lehren, es gebe keine Auferstehung, und fragten ihn und sprachen: Meister, Mose hat gesagt (5. Mose 25,5-6): ›Wenn einer stirbt und hat keine Kinder, so soll sein Bruder die Frau heiraten und seinem Bruder Nachkommen erwecken.‹ Nun waren bei uns sieben Brüder. Der erste heiratete und starb; und weil er keine Nachkommen hatte, hinterließ er seine Frau seinem Bruder; desgleichen der zweite und der dritte bis zum siebenten. Zuletzt nach allen starb die Frau. Nun in der Auferstehung: wessen Frau wird sie sein von diesen sieben? Sie haben sie ja alle gehabt. Jesus aber antwortete und sprach zu ihnen: Ihr irrt, weil ihr weder die Schrift kennt noch die Kraft Gottes. Denn in der Auferstehung werden sie weder heiraten noch sich heiraten lassen, sondern sie sind wie Engel im Himmel.«
>
> Matthäus 22,23-30

Das Gesprächsthema von Jesus und den Sadduzäern war ein anderes. Ihnen ging es ganz grundsätzlich um die Möglichkeit oder Unmöglichkeit einer Auferstehung von den Toten. Dennoch ist die Antwort von Jesus auch auf unsere Frage eindeutig; so eindeutig, dass sie schon für manche Tränen gesorgt hat. Und auch mir wird es kurz nach unserem zehnten Hochzeitstag bei dem Versuch, die Antwort von Jesus nachzuvollziehen, mulmig.

Was wird mit unserem Ehepartner und unserer Ehe sein? Im Zuge der vorangegangenen Überlegungen können wir davon ausgehen, dass sich beide Eheleute, sofern sie jeweils zu Christus gehören, im Paradies wiedersehen, wiedererkennen und miteinander Gemeinschaft haben werden. Diese Gemeinschaft allerdings näher zu beschreiben, hieße der Spekulation Tür und Tor zu öffnen. In Anlehnung an die alttestamentliche Hoffnung, im Tod einmal bei den Lieben »versammelt« zu werden, liegt es jedoch nahe, diese Zusammengehörigkeit über den Tod hinaus auch für Ehepartner anzunehmen.

Ob wir dann noch verheiratet sein werden? Ja, wir werden in Gottes Ewigkeit verheiratet sein, und zwar mit unserem heutigen Bräutigam Jesus Christus.

Ob wir dann noch verheiratet sein werden? Ja, wir werden in Gottes Ewigkeit verheiratet sein, und zwar mit unserem heutigen Bräutigam Jesus Christus. Seit seiner Einladung zum Glauben und seiner Verheißung, uns einmal zu sich zu holen und mit uns Hochzeit zu feiern, sind wir als Gemeinde die Verlobte und Braut unseres Bräutigams Jesus Christus. In Gottes Ewigkeit werden wir einmal mit Jesus verheiratet sein. Die Frage, wie wir dort die Beziehung und das Zusammenleben mit unserem irdischen Ehepartner gestalten werden, muss offenbleiben. Wir dürfen gespannt sein.

Die Frage, wie wir dort die Beziehung und das Zusammenleben mit unserem irdischen Ehepartner gestalten werden, muss offenbleiben. Wir dürfen gespannt sein.

Wenn Gott das Meer im genannten Sinn des Chaotischen ablöst (Offenbarung 21,1) und für die »Zeit der Offenbarung seiner Herrlichkeit Freude und Wonne« verheißt (1. Petrus

4,13), weshalb sollte Gott es dann ausgerechnet an dieser Stelle an Freude fehlen lassen? Glückliche Ehepaare dürfen gespannt, zuversichtlich und gelassen sein. Gewiss wird uns nichts fehlen und werden wir auch nichts vermissen, wie es Gott schon durch Jesaja in einer Offenbarung 21 vorbereitenden Sicht der Dinge vorhersagt:

> »Denn siehe, ich will einen neuen Himmel und eine neue Erde schaffen, dass man der vorigen nicht mehr gedenken und sie nicht mehr zu Herzen nehmen wird. Freuet euch und seid fröhlich immerdar über das, was ich schaffe. Denn siehe, ich will Jerusalem zur Wonne machen und sein Volk zur Freude.«
>
> Jesaja 65,17f

Wenn Gott seinen neuen Himmel und seine neue Erde schafft, wird uns nichts von dem fehlen, was wir auf unserer jetzigen Erde genießen. So wie es sein wird, wird es gut sein.

»Freuet euch!« Jesaja geht sogar noch weiter, wenn er uns nicht nur zur Freude auffordert, sondern ankündigt, dass Gott das neue Jerusalem mitsamt seinen Bewohnern einmal zur personifizierten Freude machen wird. Dies muss man sich auf der Zunge zergehen lassen: Sie werden einmal die Freude in Person sein. Was für eine Verheißung, mitten hinein in eine »Generation Depression« und mitten hinein in die Sorge von uns Ehepaaren, wie es mit uns in Gottes Ewigkeit weitergeht. Gott ermutigt uns nicht nur zu Freude. Gott wird Sie zur Freude in Person neu schaffen. Angesichts solch einer Freudenbotschaft will ich Jesus auch dort vertrauen, wo er uns zunächst nur wissen

Wenn Gott seinen neuen Himmel und seine neue Erde schafft, wird uns nichts von dem fehlen, was wir auf unserer jetzigen Erde genießen. So wie es sein wird, wird es gut sein.

lässt, wie es in Gottes Ewigkeit nicht sein wird, uns aber noch nicht verrät, wie diesseitige Ehepaare dort miteinander leben werden.

»Freuet euch!« Daran sollen wir uns halten. Sie dürfen sich freuen, Sie, die Sie verheiratet sind und mindestens so sehr Sie, die Sie heute aus welchen Gründen auch immer ehelos leben oder Ihre Ehe eher erleiden, als dass es ein Genuss wäre, verheiratet zu sein.

»Freuet euch!« Gott macht alles neu. Vielleicht sind Sie heute einsam, weil Sie keinen Ehepartner gefunden haben. Vielleicht sind sie einsam, weil Ihr Ehepartner schon von Ihnen gegangen ist. Vielleicht sind sie einsam mitten in Ihrer Ehe. Dann will Gott Ihren Blick von seinem ewigen Ziel her weiten: In Gottes Ewigkeit werden Sie nicht einmal mehr daran denken, geschweige denn es sich zu Herzen nehmen, was Sie gerade erleiden, sei es allein und auf sich gestellt oder in einer Ehe, die Ihre Kräfte übersteigt und die Sie sich anders gewünscht hätten. In Gottes Ewigkeit werden Sie die Ehe in ihrer reinsten, schönsten und vollkommensten Form erleben – verheiratet mit Ihrem Bräutigam Jesus Christus.

Gott ermutigt uns nicht nur zu Freude, Gott wird Sie zur Freude in Person neu schaffen.

In Gottes Ewigkeit werden Sie die Ehe in ihrer reinsten, schönsten und vollkommensten Form erleben – verheiratet mit Ihrem Bräutigam Jesus Christus.

In Gottes Ewigkeit werden wir das Original erleben. Unser deutsches Wort »Ehe« leitet sich vom mittelhochdeutschen »ewe« ab. Für die Ehe von Mann und Frau bedeutet »ewe« »dauerhafter Vertrag«. Sprachlich verwandt aber ist »ewe« mit der »Ewigkeit«. So ist jede Ehe einerseits irdisches Abbild des himmlischen Originals und andererseits ein prophetischer Hinweis in dieser Welt auf Gottes Ewigkeit.

Man könnte geradezu von der Ehe als einer prophetischen Zeichenhandlung sprechen. Die negative Kehrseite entdecken wir bei Jeremia: In Jeremia 16,1ff befiehlt Gott dem Propheten als ein Vorzeichen von Gottes Gericht über Juda, ehe- und kinderlos zu bleiben. Jeremia soll seine mündliche Ankündigung des Gerichts über die Kinder Judas durch die prophetische Zeichenhandlung seiner Ehe- und Kinderlosigkeit unterstreichen.

Ein anderes Beispiel ist der Prophet Hosea. Prophetisch zeichenhaft soll er sich zunächst eine Hure zur Frau nehmen und durch diese Ehe dem Volk Israel vor Augen führen, dass es seinem Gott, wie eine Hure ihrem Mann, untreu ist, indem es allen möglichen Götzen nachläuft (vgl. bes. Hosea 1).

> »Mein Volk befragt sein Holz, und sein Stab soll ihm antworten; denn der Geist der Hurerei verführt sie, dass sie mit ihrer Hurerei ihrem Gott weglaufen.«
>
> Hosea 4,1

Umgekehrt soll Hosea durch das erneute Werben um eine Hure Gottes Liebe und Treue und sein Werben um das untreu gewordene Volk Israel zeichenhaft verkündigen (Hosea 3).

Deutlich wird: Die Ehe ist eine prophetische Zeichenhandlung – und das nicht nur in jener besonderen Funktion bei den alttestamentlichen Propheten. In seiner Eheordnung im Brief an die Epheser nimmt Paulus diese prophetische Zeichenhandlung für jede Ehe zwischen Mann und Frau an:

> »[...] Darum wird ein Mann Vater und Mutter verlassen und an seiner Frau hängen, und die zwei werden ein Fleisch sein«. Dies Geheimnis ist groß; ich deute es aber auf Christus und die Gemeinde [...].«
>
> Epheser 5,31f

So verbindet Gott mit der Ehe von Mann und Frau eine doppelte Absicht. Gott setzt die Ehe schon im Paradies mit der Begründung ein:

> »Es ist nicht gut, dass der Mensch allein sei; ich will ihm eine Gehilfin [wörtlich: ›Hilfe‹] machen, die um ihn sei [wörtlich: ›die ihm entspricht‹].«
>
> 1. Mose 2,18

Diese wechselseitige zwischenmenschliche Hilfe zwischen Mann und Frau ist ganz alltäglich und zugleich zutiefst geistlich zu verstehen. Mann und Frau sollen einander in den Dingen dieser Welt unterstützen und dazu einander helfen, »dass eins das andere mit sich in den Himmel bringe«. Als Ehepaar und »*ewe*«-Paar sind Mann und Frau Gottes »Ewigkeitsteam« in dieser Welt. Als Ehepaar und »*ewe*«-Paar sind Mann und Frau dazu berufen, mit ihrem Zeugnis andere zur ewigen Gemeinschaft mit Gott einzuladen.

Als Ehepaar und »ewe«-Paar sind Mann und Frau Gottes »Ewigkeitsteam« in dieser Welt.

Gottes Gabe und Gottes Gebot der Ehe suchen nicht nur das Wohl des Menschen. Gott hat die Ehe als Zeugnis seiner eigenen Sehnsucht nach ewiger (*ewe*-) Gemeinschaft mit uns Menschen und als eine zeichenhafte Verkündigung seiner Treue eingesetzt. Jede Ehe soll mit ihrer Treue an die Treue Gottes erinnern und auf diese Weise die bevorstehende Ehe zwischen dem Sohn Gottes und seiner Gemeinde verkündigen.

Jede Ehe soll mit ihrer Treue an die Treue Gottes erinnern und auf diese Weise die bevorstehende Ehe zwischen dem Sohn Gottes und seiner Gemeinde verkündigen.

Doch welche Ehe ist zu solch einer umfassenden, zeichenhaften Verkündigung imstande? Anspruch und Wirklichkeit klaffen auseinander. Seit dem Sündenfall werden auch christliche Ehen von Lieblosigkeit, Egoismus, Streit und Untreue eingeholt. An seinem Ideal der Ehe als Verkündigung seiner Treue und als Einladung zur ewigen Gemeinschaft mit ihm hält Gott trotzdem fest. Seitdem leben wir vom Gebet und von Gottes erstaunlicher Zusage:

> »Sind wir untreu, so bleibt er doch treu.«
>
> 2. Timotheus 2,13

Kommen wir noch einmal zurück zur Ausgangsfrage nach der Ehe in Gottes Ewigkeit und zur Antwort von Jesus.

> »Denn in der Auferstehung werden sie weder heiraten noch sich heiraten lassen, sondern sie sind wie Engel im Himmel.«
>
> Matthäus 22,30

Vielleicht beantwortet Jesus deshalb diese Frage so deutlich und klar, weil sich Gottes geistliches Anliegen, das er mit der Ehe verbunden hat, in der Ewigkeit erübrigt hat. Wenn wir zum Beginn der Ewigkeit mit unserem Bräutigam Jesus Christus Hochzeit feiern, hat die Abbild- und Verkündigungsfunktion unserer irdischen Ehen ausgedient. Dann brauchen wir mit unserer Treue nicht mehr Gottes Treue zu bezeugen. Jeder genießt sie in vollen Zügen.

Durch unsere gegenseitige Bereitschaft zur Vergebung leben wir vor, dass jeder Mensch nur von Gottes Barmherzigkeit und Vergebung lebt.

Dann ist es nicht mehr nötig, als Gottes Ehe- und »*ewe*«-Team zu Gottes Ewigkeit einzuladen. Sie hat begonnen.

Bis dahin bleiben wir als Christen jedoch herausgefordert, um dieses Ideal der Ehe zu ringen. Noch wichtiger scheint mir jedoch zu sein, dass wir durch unsere gegenseitige Bereitschaft zur Vergebung vorleben, wie sehr jeder Mensch nur von Gottes Barmherzigkeit und Vergebung lebt.

»Ich sehe was, was du nicht siehst und das ist …« Gottes neue Schöpfung, ein verwandelter Auferstehungsleib und die ewige Verbundenheit all derer, die Jesus lieben. Nach diesen ersten Runden auf zur nächsten Partie »Ich sehe was, was du nicht siehst …«, bei der uns Johannes Gottes himmlische Stadt vor Augen führt.

14. Ewigkeit – Gottes himmlische Stadt

»Und ich sah die heilige Stadt, das neue Jerusalem, von Gott aus dem Himmel herabkommen, bereitet wie eine geschmückte Braut für ihren Mann. Und ich hörte eine große Stimme von dem Thron her, die sprach: Siehe da, die Hütte Gottes bei den Menschen! Und er wird bei ihnen wohnen, und sie werden sein Volk sein, und er selbst, Gott mit ihnen, wird ihr Gott sein.«

Offenbarung 21,2f

Unbeschreiblich

Was für ein Bild, das Gott dem Seher Johannes hier zeigt. Im Zuge einer alles umfassenden Neuschöpfung schafft Gott eine heilige, himmlische Stadt. Ob es sich bei den Maßen und Baumaterialien in Offenbarung 21,9ff ausschließlich um bildliche Andeutungen mit symbolischen Zahlen handelt oder ob auch unsere irdischen Maße und Normen zugrunde gelegt werden können, muss dahingestellt bleiben. Wer allerdings meint, das himmlische Jerusalem mit menschlichen Worten, irdischen Maßen und weltlichen Materialien beschreiben, berechnen und zumindest theoretisch dann auch bauen zu können, wird sich verschreiben, verrechnen und schließlich im doppelten Sinn des Wortes das verbauen,

> Wer meint, das himmlische Jerusalem mit menschlichen Worten, irdischen Maßen und weltlichen Materialien, beschreiben, berechnen und zumindest theoretisch bauen zu können, wird sich verschreiben, verrechnen und den Weg dorthin nur unnötig verbauen.

> »was kein Auge gesehen hat und kein Ohr gehört hat und in keines Menschen Herz gekommen ist, was Gott bereitet hat denen, die ihn lieben.«
>
> 1. Korinther 2,9

Die Kostbarkeit, Anmut, Schönheit und Reinheit jener Stadt, die Gott im Himmel baut, um sie dann herabzuführen, wo sie um den Reichtum der Völker noch einmal bereichert wird (Offenbarung 21,26), lässt sich mit menschlichen Maßstäben nicht einmal erahnen, geschweige denn in ihrer Größe oder ihrem Wert ermessen.

Umso klarer ist die eigentliche Bedeutung dieser Stadt und ihre einzigartige Rolle.

Gott und Mensch wohnen beieinander

Kostbar und einzigartig wird jene himmlische Stadt vor allem durch ihre Einwohner. Zu den bedeutendsten Offenbarungen über das ewige Leben gehört zweifelsohne die Verheißung, dass im himmlischen Jerusalem der lebendige Gott und seine Gemeinde beieinander wohnen werden:

> »Siehe da, die Hütte Gottes bei den Menschen! Und er wird bei ihnen wohnen.«
>
> Offenbarung 21,3

Gott wohnt bei seinen Geschöpfen. Auf den ersten Blick ist das nichts Neues. Schon zur Zeit des Alten Testaments wohnt Gott in Jerusalem auf dem Berg Zion:

> »Der Herr hat Zion erwählt, und es gefällt ihm, dort zu wohnen.«
>
> Psalm 132,13

Neu ist, was an Weihnachten geschieht, wenn Gott erneut Wohnung unter uns nimmt. Dabei geht Gott noch einen Schritt weiter als schon Jahrhunderte zuvor bei seiner »Einwohnung« auf dem Zion. Am ersten Weihnachtsfest dieser Welt nimmt Gott nicht nur Wohnung unter uns Menschen, sondern wird in Jesus Christus selbst Mensch. Der Evangelist Johannes jubiliert im Hymnus seines Evangelienprologs:

> »Und das Wort ward Fleisch und wohnte unter uns.«
>
> Johannes 1,14

Gott hat unter uns Wohnung genommen; zuerst auf dem Berg Zion um seines Volkes Israel willen und dann vor zweitausend Jahren in Jesus Christus für alle Welt.

Neu ist nicht mehr, dass Gott bei uns wohnt und bereit ist, mein Chaos auf sich zu nehmen. Neu ist, dass ich bei Gott wohnen darf – ohne das Chaos dieser Welt.

Das Neue, was uns Johannes jetzt in Offenbarung 21 zeigen will, ist nicht mehr Gottes Gegenwart. Das Neue ist meine Gegenwart. Neu ist nicht mehr, dass Gott bei uns wohnt und bereit ist, mein Chaos auf sich zu nehmen. Neu ist, dass ich bei Gott wohnen darf – ohne das Chaos dieser Welt.

Gott musste uns Menschen aus dem Paradies entfernen und wollte doch mit uns zusammenleben. Gott zieht es zu uns und dafür zieht er zu uns, zunächst in die Stiftshütte, dann auf den Zion.

An diesem Wunder, dass Gott Wohnung bei uns nimmt, wird auch das Problem deutlich: Die Stiftshütte und der Tempel sind nicht nur Wohnungen Gottes, sondern als solche auch Ausdruck seiner Einschränkung. Gott nimmt Wohnung in dieser Welt und bekommt doch keinen Freiraum. Gott zieht es zu uns, doch wir ziehen es vor, ihn auf Abstand zu halten. Gott soll schön dort bleiben, wo er hingehört: in der Stiftshütte, im Tempel und – so macht Jesus die Erfahrung – am besten gleich dort, wo er hergekommen ist:

> »Er kam in sein Eigentum; und die Seinen nahmen ihn nicht auf.«
>
> Johannes 1,11

Auch wenn uns die Bibel nichts von ihm erzählt, so kennt ihn doch jedes Kind, jenen Wirt aus Bethlehem und seinen für uns Menschen sinnbildlichen Verweis: »Es ist kein Raum in der Herberge.«

Gott will bei uns wohnen und wir schicken ihn weiter. Das scheint sich bis zum heutigen Tag nicht geändert zu haben: »Ich hätte da noch einen Stall.« Oder noch besser: »Die anderen, die da drüben, haben, glaube ich, noch einen Stall. Da täte es gut, wenn du mal vorbeischaust.«

Gott lässt sich nicht schrecken. Trotz des Mangels an Raum geht er für seinen Traum diesen letzten und entscheidenden Schritt. Gott wird Mensch. Als wahrer Gott und wahrer Mensch wohnt er mitsamt dem Chaos, das zu uns gehört, unter uns. Allein, er bleibt ohne Sünde, um uns von ihr zu erlösen und uns heimzuholen. Im Sterben schließt uns Jesus das Allerheiligste auf.

> »Aber Jesus schrie abermals laut und verschied. Und siehe, der Vorhang im Tempel zerriss in zwei Stücke von oben an bis unten aus.«
>
> Matthäus 27,50f

Willkommen im Himmel. Der Weg zu Gott ist frei. Sein Tod ist unser Leben. Wir dürfen einmal im Allerheiligsten wohnen.

Keine Sorge, diesen kleinen dunklen Raum, umgeben vom Chaos dieser Welt, gibt es nicht mehr. Jenes Allerheiligste, in dem zu wohnen wir berufen sind, wird alles ausfüllen. In Gottes Stadt wird es nichts mehr geben, was nicht Allerheiligstes ist. Aus diesem Grund braucht es im himmlischen Jerusalem auch kein Tempelgebäude mehr:

> »Und ich sah keinen Tempel darin; denn der Herr, der allmächtige Gott, ist ihr Tempel, er und das Lamm.«
>
> Offenbarung 21,22

War Gottes Herrlichkeit im Alten Bund auf einen sterilen Raum reduziert und im Neuen Bund an Jesus Christus und seinen Heiligen Geist gebunden, durchflutet Gottes Herrlichkeit im himmlischen Jerusalem jeden Winkel. Bereiche unseres Lebens, mit denen wir uns heute vielleicht schwer tun, Gott die Herrschaft darüber anzuvertrauen, werden dann ganz von Gottes Herrlichkeit erfüllt sein. Wo es ihm angesichts mancher Räume in meinem Leben heute noch schlecht werden müsste, fühlt Gott sich einmal wohl. Alles wird er mit seinem Reichtum und seiner Schönheit, mit seiner Heiligkeit und Reinheit ausfüllen.

Im himmlischen Jerusalem gibt es keinen Tempel mehr. Wenn Gott und das Lamm ihr Tempel sein werden, wird die ganze Stadt Allerheiligstes sein.

Von Gottes Licht durchflutet

Nicht nur der Tempel hat sich erübrigt. Angesichts der alles erleuchtenden Herrlichkeit Gottes, bedarf das himmlische Jerusalem nicht einmal mehr der Sonne.

»Und die Stadt bedarf keiner Sonne noch des Mondes, dass sie ihr scheinen; denn die Herrlichkeit Gottes erleuchtet sie, und ihre Leuchte ist das Lamm. [...] Und es wird keine Nacht mehr sein, und sie bedürfen keiner Leuchte und nicht des Lichts der Sonne; denn Gott der Herr wird sie erleuchten.«

Offenbarung 21,23 und 22,5

Gott erleuchtet alles. Sein Licht erübrigt sogar eine Sonne. Wie der Verzicht auf einen Tempel ist auch der Wegfall einer Sonne konsequent, schon deshalb, weil Gott seit jeher als Sonne beschrieben wird.

»Denn Gott der Herr ist Sonne und Schild.«

Psalm 84,12

Wenn die Bibel schon alttestamentlich Gott mit der Sonne vergleicht, dann sollen wir zentrale Eigenschaften und Wesensmerkmale der Sonne in Gottes Wesen und Handeln entdecken. Die Beschreibung Gottes als Sonne, lädt Sie ein zu glauben:

Gott kommt. Und mit seinem Kommen muss, wie damals, als es bei der Schöpfung Licht wird, alles Tohuwabohu weichen.
Gott kommt. Seine Herrlichkeit geht auf über Ihnen. Wie beim morgendlichen Sonnenaufgang soll es in Ihrem Leben hell werden.
Gott kommt. Wie die Sonne beendet er Ihre Nacht.
Gott kommt, und er tut dies frühzeitig, wie die Sonne in aller Frühe aufgeht.
Gott kommt, und dies geschieht so verlässlich, wie die Sonne an jedem Morgen absolut zuverlässig am Horizont erscheint.

Wenn uns die Bibel Gott als Sonne beschreibt und damit ihre Eigenschaften auf Gott überträgt, dürfen wir all das von Gott erwarten: Frühzeitigkeit, Verlässlichkeit, ein Ende von Dunkelheit und Tohuwabohu und stattdessen Licht die Fülle, Wärme und Wegweisung.

Im himmlischen Jerusalem wird Gott vollenden, was er auf dieser Erde begonnen hat. Heute ringt die Sonne wider die Dunkelheit. Doch später wird es keine Dunkelheit mehr geben. Gehört die Nacht noch zu dieser Welt, auch wenn Gott sie in ihre Schranken gewiesen hat, so wird Gottes Licht im himmlischen Jerusalem einmal unangefochten alles erleuchten und regieren.

Vor diesem Licht werden wir dann auch keine Scheu mehr haben. Deckt es jetzt noch manche dunklen Flecken auf, die wir gerne verborgen gehalten hätten, weicht im Jüngsten Gericht endgültig alles Dunkel. Ununterbrochen und ungetrübt werden wir Gottes ewiges Licht genießen. Guttun wird es uns. Zärtlich wird es uns wärmen und uns wohlig durchfluten. Herrlich wird es im Licht des Herrn sein. Einfach *herr*-lich, weil der Herr selbst unser Licht sein wird.

Gehört die Nacht noch zu dieser Welt, auch wenn Gott sie in ihre Schranken gewiesen hat, so wird Gottes Licht im himmlischen Jerusalem einmal unangefochten alles erleuchten und regieren.

Rein und ohne Sünde

So wenig uns in Gottes Ewigkeit noch Dunkelheit von außen bedrohen wird, so wenig wird sie unseren inwendigen Menschen anfechten. Gott wird Sie als Glied seiner Gemeinde zur himmlischen Hochzeit mit seinem Sohn Jesus einmal mit dem schönen, reinen Leinen der Gerechtigkeit kleiden.

Ohne dieses Kleid der Gerechtigkeit wird keiner die himmlische Stadt betreten. Unreinheit und Sünde werden nicht hineinkommen und deshalb auch niemals darin zu finden sein.

> »Und nichts Unreines wird hineinkommen und keiner, der Gräuel tut und Lüge.«
>
> Offenbarung 21,27

> »Und es wurde ihr [der Braut/Gemeinde] gegeben, sich anzutun mit schönem reinem Leinen. Das Leinen aber ist die Gerechtigkeit der Heiligen.«
>
> Offenbarung 19,8

Heute beten wir darum – vielleicht mit dem Morgensegen von Martin Luther –, dass Gott uns im Tageslauf vor Sünde bewahren möge:

> »[...] und bitte dich, du wollest mich diesen Tag auch behüten vor Sünden und allem Übel, dass dir all mein Tun und Leben gefalle [...].«

In Gottes Ewigkeit wird es keine Sünde mehr geben und nichts wird uns mehr zur Sünde verführen können. Keine Sorge: Langweilig wird es trotzdem nicht, dafür unendlich befreiend. Wer keine Sünde mehr befürchten oder ertragen muss, kann erlöst und deshalb gelöst leben und das Leben befreit genießen.

In Gottes Ewigkeit wird es keine Sünde mehr geben und nichts wird uns mehr zur Sünde verführen können.

Getrocknete Tränen

Wenn Gott einmal alles mit seiner Gegenwart, seinem Licht und seiner Herrlichkeit durchflutet, ist die nächste Szene, die Johannes bei seiner Schau des himmlischen Jerusalem vergönnt ist, zu beobachten, völlig naheliegend und zugleich sensationell:

> »Gott wird abwischen alle Tränen von ihren Augen, und der Tod wird nicht mehr sein, noch Leid noch Geschrei noch Schmerz wird mehr sein; denn das Erste ist vergangen.«
>
> Offenbarung 21,4

In einem Menschenleben fließen viele Tränen. Angesichts von persönlichen Verletzungen und Enttäuschungen kommen uns die Tränen. Sorgen, Schreckensnachrichten und Zukunftsängste treiben uns die Tränen in die Augen. Schmerzen, Krankheiten und schließlich der Tod lassen Tränen über unsere Wangen rollen. Und angesichts unserer Sünde können wir nur über uns selbst weinen.

Tränen gehören zu dieser Welt. Nichts wird von Johannes schöngeredet. Das Schöne aber ist, dass sie tatsächlich nur zu dieser Welt gehören und Johannes eine Welt gezeigt bekommt, in der Gott Ihnen Ihre Tränen abwischen wird. Gott trocknet uns nicht aus kosmetischen Gründen einmal die Tränen, sondern weil es nichts mehr zu weinen gibt. Erinnern Sie sich noch:

Tränen gehören zu dieser Welt. Nichts wird von Johannes schöngeredet. Das Schöne aber ist, dass sie tatsächlich nur zu dieser Welt gehören und Johannes eine Welt gezeigt bekommt, in der Gott Ihnen Ihre Tränen abwischen wird.

»Das Meer ist nicht mehr.«

Offenbarung 21,1

Gott trocknet Ihnen die Tränen und er trocknet das Meer aus, sodass niemals mehr Tränen fließen müssen. Stellen Sie sich diesen Augenblick ganz bildlich vor: Sie werden einmal von Gott am Eingang zu seiner Ewigkeit begrüßt: Willkommen im Himmel. Und dann sieht Gott Ihre Tränen, die Sie im Laufe Ihres langen oder auch kurzen Lebens geweint haben. Er wird sein Taschentuch ziehen, sich zu Ihnen stellen und Ihnen mit seinem Tuch die Augen trocknen. Was für ein Moment. Der lebendige Gott trocknet uns die Tränen.

Gott trocknet Ihnen die Tränen und er trocknet das Meer aus, sodass niemals mehr Tränen fließen müssen.

Wieder gilt, was wir schon oben festgestellt haben: Was Gott in der Ewigkeit einmal vollenden wird, dürfen wir schon heute von ihm erbitten. Dem alttestamentlichen König Hiskia lässt Gott durch den Propheten Jesaja auf sein Klagen und Weinen hin ausrichten:

»Ich habe dein Gebet gehört und deine Tränen gesehen.«

Jesaja 38,5

Gott hört Ihr Gebet und Gott sieht Ihre Tränen. Schon heute. Tränen zu trocknen – darauf versteht sich Gott. Tränen abzuwischen – nichts unternimmt Gott lieber.

Tränen haben die Eigenart, dass sie uns die Sicht trüben und wir nicht mehr deutlich sehen können. »Ich sehe was, was du nicht siehst…« ist deshalb auch kein Spiel, sondern ein Akt der Seelsorge Gottes und eine Form unserer Seelsorge aneinander. Wem vor lauter Tränen die Augen trüb geworden sind und das Herz betrübt, der lebt davon, Gottes neue Welt vor Augen gemalt zu bekommen.

> Wem vor lauter Tränen die Augen trüb geworden sind und das Herz betrübt, der lebt davon, Gottes neue Welt vor Augen gemalt zu bekommen.

In diesem Sinn wird Johannes für uns zum Seelsorger. In diesem Sinn sollen wir untereinander Seelsorgerinnen und Seelsorger sein, indem wir uns Gottes Verheißungen gegenseitig vor Augen malen: Ich sehe was, was dir in diesen Tagen schwerfällt zu sehen, und das ist…

…eine Welt, in der Gott dir einmal endgültig deine Tränen abwischen wird;
…eine Welt, in der es keine Schmerzen mehr geben wird;
…eine Welt, in der alles Geschrei der Vergangenheit angehört;
…eine Welt, in der wir keine Sünde mehr auf uns laden und
…eine Welt, in der es keinen Tod mehr gibt.

Geheilte Verletzungen und ein heilvolles Leben

Im Paradies steht der Baum des Lebens. Zugang hat der Mensch nach seiner Erschaffung. Doch er lässt diese Gelegenheit nicht nur ungenutzt verstreichen. Er verbaut sich den Zugang geradezu durch den Sündenfall. Erst im Glauben an das Brot des Lebens bekommt der Mensch erneuten Zugang zum Baum des Lebens, wenn Gott ihn beim Eintritt des Todes nicht dem Hades überlässt, sondern ihn zu sich ins Paradies holt, wo der Baum des Lebens noch immer ewiges Leben bereithält.

Nach dem Jüngsten Gericht, wenn Gott das Paradies ins himmlische Jerusalem überführt, findet sich auch der Baum des Lebens im himmlischen Jerusalem wieder, allerdings nicht nur einfach, sondern gleich mehrfach. Der Strom lebendigen Wassers im himmlischen Jerusalem wird einmal von Lebensbäumen gesäumt sein.

> »Und er zeigte mir einen Strom lebendigen Wassers, klar wie Kristall, der ausgeht von dem Thron Gottes und des Lammes; mitten auf dem Platz und auf beiden Seiten des Stromes Bäume des Lebens, die tragen zwölfmal Früchte, jeden Monat bringen sie ihre Frucht, und die Blätter der Bäume dienen zur Heilung der Völker.«
>
> Offenbarung 22,1f

Dass die Bäume des Lebens nicht nur einmal, sondern zwölfmal, also monatlich Früchte tragen, deutet eine in sich vollkommene und zugleich kontinuierliche und niemals endende Fülle heilvollen Lebens an. Während »Zeit« in dieser Welt durch Unumkehrbarkeit einerseits (linear vergehende Zeit) und durch Wiederholung andererseits (z. B. Wochentage, Monate, jährliche Feste usw.) quasi ein doppeltes Gesicht inne hat, verbindet sich beides in Gottes Ewigkeit zu einer immerwährenden Fülle. Der Strom lebendigen Wassers mit jener Vielzahl an Lebensbäumen, die monatlich Früchte tragen, verspricht ein immerwährendes heilvolles Leben.

Dass die Bäume des Lebens nicht nur einmal, sondern zwölfmal, also monatlich Früchte tragen, deutet eine in sich vollkommene und zugleich kontinuierliche und niemals endende Fülle heilvollen Lebens an.

Wie Gott dafür schon die Tränen unserer Erdentage trocknen wird, so wird er mit den Blättern der Lebensbäume auch heilen, was der Heilung bedarf: die unzählbaren Wunden aus einer Fülle von Kriegen und Unfällen, Krankheiten und Behinderungen, seelische Verletzungen und Narben, die die Zeit hier auf Erden nicht heilen konnte.

Dienen und Ruhen. Leben in der Ewigkeit

Auf der Suche nach einem Strauch für unseren Garten besuchten meine Frau und ich vor einigen Monaten erstmals die Baumschule eines Freundes in unserer früheren Gemeinde. Staunend und voller Bewunderung durchstreiften wir die Reihen der bunten Blumen, der blühenden Sträucher und der Schatten spendenden Bäume. Von der Vielfalt und einzigartigen Schönheit beeindruckt, meinte ich dann zu Dieter: »Paradiesisch ist es bei dir.« Daraufhin erwiderte dieser trocken. »Na ja, ich hoffe mal, dass ich dort nicht so viel arbeiten muss.«

Er hat recht und doch nicht ganz recht. Zunächst stimmt es: In Gottes Paradiesgarten vor dem Jüngsten Gericht und dann auch danach in seiner Ewigkeit dürfen wir zur Ruhe kommen.

> »So lasst uns nun mit Furcht darauf achten, dass keiner von euch etwa zurückbleibe, solange die Verheißung noch besteht, dass wir zu seiner Ruhe kommen. [...] Denn wenn Josua sie zur Ruhe geführt hätte, würde Gott nicht danach von einem andern Tag geredet haben. Es ist also noch eine Ruhe vorhanden für das Volk Gottes. Denn wer zu Gottes Ruhe gekommen ist, der ruht auch von seinen Werken so wie Gott von den seinen. So lasst uns nun bemüht sein, zu dieser Ruhe zu kommen, damit nicht jemand zu Fall komme durch den gleichen Ungehorsam.«
>
> Hebräer 4,1.8-11

> »Und ich hörte eine Stimme vom Himmel zu mir sagen: Schreibe: Selig sind die Toten, die in dem Herrn sterben von nun an. Ja, spricht der Geist, sie sollen ruhen von ihrer Mühsal; denn ihre Werke folgen ihnen nach.«
>
> Offenbarung 14,13

Daneben werden wir Gott dienen, also Gottesdienst halten – vielleicht sogar als ein Ausdruck der Ruhe.

> »Darum sind sie vor dem Thron Gottes und dienen ihm Tag und Nacht in seinem Tempel; und der auf dem Thron sitzt, wird über ihnen wohnen.«
>
> Offenbarung 7,15

> »Und der Thron Gottes und des Lammes wird in der Stadt sein, und seine Knechte werden ihm dienen.«
>
> Offenbarung 22,3

Wie dieser ewige Gottesdienst wohl aussehen wird? Ob wir künstlerisch oder musikalisch tätig sein werden? Werden technische Begabungen gefragt sein? Wird mein befreundeter Gärtner das Paradies »bebauen und bewahren« und dann als seine Form von Gottesdienst die Lebensbäume im himmlischen Jerusalem schneiden? Werden wir den neuen Himmel erkunden oder sogar bereisen, den Gott zusammen mit der neuen Erde erschaffen wird? Werden wir die himmlischen Bücher lesen oder Sport treiben, wie Paulus uns schon hier zu geistlichen Wettkämpfen herausfordert? Werden wir über die himmlische Hochzeit hinaus miteinander Feste feiern?

Gut denkbar. Aber denkbar ist vieles. Letztlich wissen wir es nicht. Und dies sind nur ein Bruchteil aller möglichen

Fragen zum ewigen Leben. Wie gehen wir mit solchen ganz konkreten Fragen um? Wie mit den biblischen Andeutungen?

Die biblischen Hinweise bleiben zurückhaltend und sind zugleich aufgrund ihrer Auswahl und ihrer bildlichen Aussagekraft überaus klar. Die Zurückhaltung der Texte einerseits und ihre klaren Aussagen andererseits führen uns vor Augen, dass wir von Gottes Ewigkeit nicht groß und herrlich genug denken können. Schon all jenes, das uns die Bibel deutlich offenbart, lässt uns Großes erwarten. Gleichzeitig erinnert uns ihre Zurückhaltung, mit vorschnellen Antworten und Ausschmückungen selbst zurückhaltend zu sein, und zu überlegen, wo stattdessen unsere ganze Aufmerksamkeit gefragt ist. Angesichts der biblischen Texte sind obige Fragen natürlich erlaubt. Doch das sind nicht die Fragen, die uns die Bibel beantworten will. Wahrscheinlich könnten wir mit einer Antwort, wie wir sie gerne hätten, gar nicht umgehen. Unsere Geduld und unsere vertrauensvolle Zurückhaltung sind gefragt. So wenig es unsere Aufgabe ist, die Höllenfeuer noch kräftiger anzuheizen, so wenig ist es an uns, die Herrlichkeit des ewigen Lebens mit unseren irdischen Träumen zu verniedlichen.

So wenig es unsere Aufgabe ist, die Höllenfeuer noch kräftiger anzuheizen, so wenig ist es an uns, die Herrlichkeit des ewigen Lebens mit unseren irdischen Träumen zu verniedlichen.

Wir sollen bereit sein und unser Leben im Licht der Ewigkeit führen, voller Vorfreude, voller Vertrauen auf Gottes Fürsorge und davon angetrieben, noch viele Menschen dorthin mitzunehmen.

15. Gib den Löffel nicht ab – das Beste kommt noch

Eine Frau wird unheilbar krank. Ihr Arzt lässt sie wissen, dass sie maximal noch drei Monate zu leben habe. Nach dem ersten Schreck beginnt sie, alles in Ordnung zu bringen und zu organisieren. Schließlich bittet sie auch den Pfarrer um ein Gespräch, nicht zuletzt, um die Beerdigung abzusprechen. Sie sagt ihm, welche Lieder gesungen werden sollen und welche Bibeltexte sie sich wünscht. Als sich der Pfarrer zum Gehen bereit macht, kommt der Frau noch ein wichtiges Detail. »Beinahe hätte ich es vergessen: Ich will mit einem kleinen Löffel in der rechten Hand aufgebahrt werden.« Dem Pfarrer fehlen die Worte. Die Frau fängt an zu erklären: »In meinem Leben habe ich an so vielen Empfängen teilgenommen und jedes Mal hieß es nach dem Essen, man möge den Löffel behalten, wenn das Geschirr abgeräumt wird. Dann freute ich mich immer, weil ich wusste, dass noch etwas Besseres kommen würde! Eiscreme, ein Stück Kuchen, Schokoladenmousse, Apfelstrudel oder irgendetwas anderes Wunderbares, was das Mahl abrunden sollte. Ich möchte daher«, fuhr die Frau fort, »dass sich die Leute, die mich im Sarg sehen, wundern, warum ich den Löffel in der Hand halte. Und ich will, dass Sie ihnen dann sagen: ›Behalten Sie Ihren Löffel, das Beste kommt noch!‹«

Der Pfarrer kann seine Tränen nicht mehr zurückhalten. Er weiß, dass er die Frau heute vermutlich zum letzten Mal sieht, bevor sie sterben wird. Aber er weiß auch: Sie hat eine Hoffnung über den Tod hinaus. Sie kennt ihren Heiland, der mit dem Besten auf sie wartet.

Auf der Beerdigung ziehen dann die Menschen an ihrem Sarg vorbei und sehen ihre Bibel in der linken Hand und – den Löffel in der rechten! Die Predigt löst die Verwunderung in Staunen auf, als der Pfarrer den Trauernden von der großen Hoffnung jener Frau erzählt und von der Verheißung, an die sie alle mit dem Löffel in der Hand erinnern wollte: »Das Beste kommt noch.«

Das Beste kommt noch. Deshalb geben Christen, wenn sie sterben, auch nicht den Löffel ab. Jene Frau hält sich an Gottes Zusage und behält den Löffel. Und ihre Bibel. Noch im Sterben umfasst sie Gottes Verheißungswort symbolisch. Tatsächlich wird sie jetzt von ihm umfasst.

> Wer sich zu Lebzeiten an Gottes Verheißungswort hält, wird in der Todesstunde von ihm gehalten. Wer im Leben Gottes Wort bei sich trägt, wird im Sterben von ihm durchgetragen.

Daran glauben wir: Wer sich zu Lebzeiten an Gottes Verheißungswort hält, wird in der Todesstunde von ihm gehalten. Wer im Leben Gottes Wort bei sich trägt, wird im Sterben von ihm durchgetragen. So hat es Jesus Christus versprochen, Gottes Fleisch gewordenes Wort, wenn er bezeugt:

> »Ich bin die Auferstehung und das Leben. Wer an mich glaubt, der wird leben, auch wenn er stirbt; und wer da lebt und glaubt an mich, der wird nimmermehr sterben. Glaubst du das?«
>
> Johannes 11,25f

Christen geben den Löffel nicht ab. Dafür hat ihn Christus abgegeben,

> »denn also hat Gott die Welt geliebt, dass er seinen eingeborenen Sohn gab, damit alle, die an ihn glauben, nicht verloren werden, sondern das ewige Leben haben.«
>
> Johannes 3,16

Das Beste kommt noch. Unser Herr Jesus Christus wird Sie einmal durch den Tod hindurchtragen und gemeinsam mit unserem himmlischen Vater in seinem ewigen Reich willkommen heißen. *Willkommen im Himmel!*

Ewigkeit, in die Zeit
leuchte hell hinein,
dass uns werde klein das Kleine
und das Große groß erscheine,
selge Ewigkeit!

Marie Schmalenbach[23]

Anhang

Verzeichnis der Bibelstellen

Altes Testament

Apokryphen

Frühjudentum

Neues Testament

Theologie mit Herz.
Das Albrecht-Bengel-Haus in Tübingen

Das Albrecht-Bengel-Haus (ABH) in Tübingen ist eine studienbegleitende Einrichtung für Theologiestudenten. Etwa 130 angehende Pfarrerinnen und Pfarrer, Lehramtsstudierende und Doktoranden werden von sechs Lehrern unterrichtet und auf ihre Berufspraxis vorbereitet. Das ABH ist ein eingetragener Verein, der von einem großen Freundeskreis, vor allem aus dem württembergischen Pietismus, getragen wird.

Der Name Johann Albrecht Bengel (1687–1752) steht für ein Programm. Bengel war einer der führenden Theologen seiner Zeit. Bahnbrechendes hat er für die Auslegung des Neuen Testaments geleistet. Gleichzeitig gehörte er der damals entstehenden pietistischen Bewegung an, die für eine Erneuerung der evangelischen Kirche durch Gottes Wort und gelebte Christusnachfolge eintrat. Sein Name ist bis heute richtungsweisend: Im Bengelhaus geht es um gründliches theologisches Studium verbunden mit der Praxis des Glaubens, der Liebe zu Jesus und um den Dienst für seine Gemeinde. Mit den Worten von Johann Albrecht Bengel: »Wende dich ganz dem Text zu und wende die ganze Sache auf sich an.«

In diesem Sinn wollen wir als ABH dazu beitragen, dass zukünftige Pfarrer/innen und Lehrer/innen fit werden für Gemeinde, Schule, Gesellschaft und Mission!

Deshalb …

\> …betreiben wir *biblische Theologie!*

- ✓ Wir widmen uns der *profunden Auslegung der Bibel* als Voraussetzung für eine geistlich tiefe und lebensnahe Verkündigung sowie theologisch fundierten Unterricht.

- ✓ Wir vertrauen der *Autorität der Heiligen Schrift als Gottes Wort* und ihrer *geistlichen und ethischen Aktualität* und befähigen angehende Pfarrer/innen und Lehrer/innen, sie in Wissenschaft, Kirche und Gesellschaft zu vertreten.

> ... verbinden wir *Theologie und Praxis!*

- ✓ Durch Gemeindebesuche lernen Studierende, wie *Gemeinde vor Ort* lebt und ihren Auftrag wahrnimmt.
- ✓ Wir nehmen *missionarischen Gemeindeaufbau* in den Blick und beschäftigen uns damit, wie *Gemeinde wachsen* kann.

> ... legen wir Wert auf *Persönlichkeitsbildung!*

- ✓ Durch die Gemeinschaft im Haus, gemeinsame Aktivitäten, persönliche Gespräche und besondere Seminare unterstützen wir eine *berufsbezogene Charakterbildung.*
- ✓ Wir fördern wichtige Kompetenzen für den Berufsalltag wie *Selbstwahrnehmung, Konfliktfähigkeit, Selbstorganisation und Teamfähigkeit.*

> ... pflegen wir *geistliches Leben!*

- ✓ Wir schöpfen *Kraft aus dem Wort Gottes* für Glauben und Leben – in traditionellen und neueren Formen, in Gemeinschaft und als Einzelne.

> ... schärfen wir unseren *Blick für die Welt!*

- ✓ Wir weiten unseren Horizont durch spezielle *missionswissenschaftliche Angebote.*

- ✓ Wir nehmen die *religionspädadogische Vermittlung* von Glaubensinhalten bewusst in den Blick.
- ✓ Wir nehmen geistige Strömungen in Kultur und Gesellschaft wahr (z. B. Säkularimus, neuer Atheismus).

> Außerdem ist es uns ein Anliegen,

- ✓ Gemeinden durch *Bibelabende* und *Bibelwochen,* thematische Vorträge, die Einladung zu *Lehrveranstaltungen im ABH* und unsere *Zeitschrift »Theologische Orientierung«* zu unterstützen!

Weitere Informationen, Veranstaltungshinweise sowie Bewerbungsunterlagen u. a. finden Sie unter www.bengelhaus.de

Herzlichen Dank, wenn Sie das ABH durch Ihr Gebet, Ihre Begleitung unserer Arbeit und Ihre Gaben unterstützen.

Wenn Sie das Albrecht-Bengel-Haus als reines Spendenwerk finanziell unterstützen wollen:
Albrecht-Bengel-Haus e. V.
Kontonummer: 419001
Bankleitzahl: 520 604 10
Bank: Evangelische Kreditgenossenschaft

Weitere Veröffentlichungen des Verfassers

Uwe Rechberger/Steffen Kern, Eine Taufe – tausend Fragen. Wie wir ein Gottesgeschenk neu entdecken, Holzgerlingen: SCM Hänssler ²2009.

Uwe Rechberger. Trinität. Biblische Perspektiven, in: *Rolf Hille* (Hrsg.), Wer ist Gott? Unser Glaube an den Vater, den Sohn und den Heiligen Geist. Beiträge aus dem Albrecht-Bengel-Haus, Tübingen, Witten: SCM R.Brockhaus 2007, S. 49–82.

Anmerkungen

1 *Siegfried Kettling*, Du gibst mich nicht dem Tode preis, Wuppertal: SCM R.Brockhaus 1989.
2 Evang. Gesangbuch Nr. 518.
3 Abbildung aus *Othmar Keel*, Die Welt der altorientalischen Bildsymbolik und das Alte Testament. Am Beispiel der Psalmen, Göttingen: Vandenhoeck und Ruprecht ^{5}1996, S. 61 Abb. 78.
4 *Nikolaus Hermann;* Evang. Gesangbuch Nr. 27,6.
5 *Siegfried Kettling*, Du gibst mich nicht dem Tode preis, S. 50f.
6 *Jochen Klepper;* Evang. Gesangbuch Nr. 64,6.
7 Vgl. die grafische Darstellung auf S. 102.
8 Vgl. *Bernd Janowski*, Die lebendige Statue Gottes. Zur Anthropologie der priesterlichen Urgeschichte, in: *Ders.*, Die Welt als Schöpfung. Beiträge zur Theologie des Alten Testamentes 4, Neukirchen-Vluyn: Neukirchener Verlag 2008, S. 145.
9 *Siegfried Kettling*, Du gibst mich nicht dem Tode preis, S. 114.
10 Vgl. die grafische Darstellung auf S. 102.
11 *Gerhard Tersteegen;* Evang. Gesangbuch Nr. 165.
12 *Nikolaus Hermann;* Evang. Gesangbuch Nr. 27,6.
13 Confessio Augustana 17; Evang. Gesangbuch (Württ.), S. 1 500.
14 Zitiert nach *Friedhelm Groth*, Die »Wiederbringung aller Dinge« im württembergischen Pietismus. Theologiegeschichtliche Studien zum eschatologischen Heilsuniversalismus württembergischer Pietisten des 18. Jahrhunderts, in: *Ders.*, Arbeiten zur Geschichte des Pietismus 21, Göttingen: Vandenhoeck und Ruprecht 1984, S. 44.
15 *Siegfried Kettling*, Du gibst mich nicht dem Tode preis, S. 155.
16 *Heinzpeter Hempelmann*, Roter Faden Offenbarung, Wuppertal: SCM R.Brockhaus 1994, S. 167.

17 *Reinhard Slenczka*, Allversöhnung oder doppelter Ausgang der Weltgeschichte. Dogmatische Grundlagen und Entscheidungen, in: *Ders.*, Neues und Altes, Bd. 2, Neuendettelsau: Freimund-Verlag 2000, S. 300.

18 *Friedrich Christoph Oetinger*, Biblisches und emblematisches Wörterbuch, 1776, S. 407.

19 *Joni Eareckson Tada*. Spiel mir das Lied vom Himmel. Was die Bibel über den Himmel sagt, Holzgerlingen: SCM Hänssler 1999, S. 48.

20 Für den Hinweis auf die beiden folgenden Textauszüge danke ich *Nikita Artemov*.

21 Zitiert nach *Sophokles*, Antigone. Tragödie. Übersetzt von *Wilhelm Kuchenmüller*, Stuttgart: Reclam-Verlag 1986, S. 41.

22 Zitiert nach *Euripides*, Alkestis, in *ders.*, Alkestis, Medeia, Hippolytos, übersetzt von *Ernst Buschor*, *G. A. Seeck* (Hrsg.), in: *Euripides*, Sämtliche Tragödien und Fragmente. Griechisch-deutsch, Bd. 1, München: Heimeran Verlag 1972, S. 33.

23 *Marie Schmalenbach* (um 1875) 1882, Evang. Gesangbuch/ Regionalteil Württemberg Nr. 680,4.

Steffen Kern, Uwe Rechberger

Eine Taufe – tausend Fragen

Taschenbuch, 12 x 19 cm, 112 S.
Nr. 394.798,
ISBN 978-3-7751-4798-9

Wie wir ein Gottesgeschenk neu entdecken

Die Taufe ist ein heißes Eisen. Steffen Kern und Uwe Rechberger packen es an und beantworten 40 Fragen, die jeden Christen persönlich betreffen. Dazu gehört längst nicht nur die Frage nach der Kindertaufe oder nach der Erwachsenentaufe. Was ist etwa der Unterschied zwischen einer Taufe und einer Segnung oder zwischen Taufe und Bekenntnis? Soll ich mich ein zweites Mal taufen lassen? Komme ich als Getaufter automatisch in den Himmel? Und: Wie kann ich bewusst als Getaufte/r leben?

Ihre Antworten sind kurz, prägnant, persönlich und immer biblisch fundiert. Sie geben Orientierung und regen zum Gespräch an.

Bitte fragen Sie in Ihrer Buchhandlung nach diesen Büchern!
Oder schreiben Sie an: SCM Hänssler,
D-71087 Holzgerlingen; E-Mail: info@scm-haenssler.de